rowohlts monographien

HERAUSGEGEBEN

VON

KURT KUSENBERG

E.T.A. HOFFMANN

IN
SELBSTZEUGNISSEN
UND
BILDDOKUMENTEN

DARGESTELLT
VON
GABRIELLE
WITTKOP-MÉNARDEAU

ROWOHLT

Dieser Band wurde eigens für «rowohlts monographien» geschrieben
Aus dem Französischen übertragen von Justus Franz Wittkop
Die Zeugnisse und die Bibliographie besorgte Helmut Riege
Herausgeber: Kurt Kusenberg. Redaktion: Beate Möhring
Umschlagentwurf: Werner Rebhuhn
Vorderseite: Selbstbildnis. Undatiert
(Archiv für Kunst und Geschichte, Berlin)
Rückseite: Eigenhändiger Umschlag-Entwurf zu «Meister Floh»
von E. T. A. Hoffmann
(Historisches Bildarchiv Lolo Handke, Bad Berneck)

1.–15. Tausend	Februar 1966
16.–20. Tausend	April 1968
21.–23. Tausend	Mai 1970
24.–26. Tausend	Juli 1976

Veröffentlicht im Rowohlt Taschenbuch Verlag GmbH,
Reinbek bei Hamburg, Februar 1966
© Rowohlt Taschenbuch Verlag GmbH, Reinbek bei Hamburg, 1966
Alle Rechte dieser Ausgabe, auch die des auszugsweisen Nachdrucks
und der fotomechanischen Wiedergabe, vorbehalten
Gesetzt aus der Linotype-Aldus-Buchschrift und der Palatino (D. Stempel AG)
Gesamtherstellung Clausen & Bosse, Leck/Schleswig
Printed in Germany
ISBN 3 499 50113 9

INHALT

E. T. A. Hoffmann.

DIE DÜRRE HEIDE

Der Name weniger europäischer Autoren hat einen Widerhall gefunden, der sich mit dem E. T. A. Hoffmanns vergleichen ließe, und
doch sind auch wenige so verkannt worden wie er. Ein großer Teil
seines Erfolges beruht auf einem Mißverständnis, und die Legenden,
die man um den Dichter gesponnen hat, stehen an Plumpheit und
Trivialität in nichts hinter denen zurück, die sich um Villon, Chopin
oder Modigliani gerankt haben. Die Roßtäuscher bemächtigen sich
zuweilen eines Künstlers, um ihn zu verfälschen, ehe sie ihn an die
Spießer verhökern, deren Sinn nach billigem Vergnügen steht, und
namentlich an jene, denen die wahren oder erfundenen Laster des
Mannes unter dem Deckmantel falscher Toleranz Ausschweifungen
zu bewundern erlauben, die sie heimlich selbst gar zu gern begangen
hätten. Ein mittelmäßiger Geist liebt nichts so sehr wie das Sensa-
tionelle.

Es kommt auch vor, daß der Künstler zu Lebzeiten aus kindlicher
Verschmitztheit, aus Sarkasmus oder auch bloß aus morbider Neugier, zu sehen, wieweit Dummheit gehen kann, den Bürgerschreck zu
spielen versucht. Die von Hoffmann selbst angezettelten Mystifikationen haben schließlich zum Gedudel Offenbachs und zum Techni-
color-Film geführt. Die Sache nahm Dimensionen an, die der Dichter
nicht voraussehen konnte. Das Absurde hat sich nachteilig ausge-
wirkt, ist in Bumerangwirkung auf sein Werk zurückgefallen und
hat sein Genie mit Elementen umgeben, die eine ganz falsche und
verwässerte Vorstellung davon geben. Noch schwerer wiegt aber:
Leute, die sich seines literarischen Wertes durchaus bewußt sind,
können doch manchmal Mühe haben, ein unbewußtes Vorurteil zu
überwinden, denn unwillkürlich lassen sie sich kurze Augenblicke
lang von einem Schlackendepot beeinflussen, dessen Aberwitz sie

E. T. A. Hoffmann.
Stich von Johann Passini nach Wilhelm Hensel

zwar durchschauen, das aber trotzdem den Blick auf das in mehr als einer Hinsicht außerordentliche künstlerische Opus trübt. Vielleicht ist das auch einer der Gründe, weswegen manche deutschen Literaturkenner in E. T. A. Hoffmann einen nur zweitrangigen Dichter sehen, während er in Wirklichkeit ein blendender Neuerer und hervorragender Stilist gewesen ist.

Zu seinem Verständnis ist es unerläßlich, sein Werk in seiner Gesamtheit zu lesen, die Abfälle mit dem gleichen Interesse wie die Perlen zu betrachten, und sich nicht von einer präfabrizierten Auswahl verlocken zu lassen, die meist in der Absicht getroffen worden ist, dem Publikumsgeschmack entgegenzukommen und die Legende zu stützen oder aufzufrischen, während eigenmächtig alles darin in den Schatten verbannt wird, was die Legende erschüttern könnte.

Es ist in meinem Leben etwas recht Charakteristisches, daß immer d a s *geschieht, was ich gar nicht erwartete, sei es nun Böses oder Gutes, und daß ich stets* d a s *zu tun gezwungen werde, was meinem eigentlichen tieferen Prinzip widerstrebt.*

Der ein Dichter des Absonderlichen werden sollte, wurde in Königsberg im Land des Bernsteins geboren. Die Familie entstammte altem polnischem Adel, dem Haus Bagiensky, und empfing ungarische Einsprengsel, ehe sie in den deutschen Zweig der Hoffmann einmündete. Einige Biographen haben sogar behauptet, Hoffmann habe Zigeunerblut gehabt, eine ebenso verführerische wie willkürliche Annahme, die sich auf keines der uns bis heute vorliegenden Dokumente stützen kann. Zur Familie zählten vor allem Juristen, und der Vater des Dichters war Rechtsanwalt beim Königsberger Gericht. Er hatte seine Cousine Luise Albertine Dörffer geheiratet, die ihm drei Kinder gebar, von denen das erste im frühen Kindesalter starb. Als am 24. Januar 1776 das jüngste zur Welt kam, gab man ihm die Vornamen Ernst Theodor Wilhelm. Später sollte der Dichter den letzten davon zu Ehren Mozarts, dessen begeisterter Bewunderer er wurde, gegen Amadeus austauschen.

Das Kind war erblich schwer belastet. Der Vater war ein sehr begabter, origineller, impulsiver, launenhafter Mann und ein notorischer Säufer; die Mutter eine Hysterikerin, die ständig von Weinkrämpfen befallen wurde, eine fanatisch auf Ordnung bedachte Hausfrau und dem «Was-sagen-die-Leute-dazu?» sklavisch unterworfen. Ihre unaufhörlichen Jeremiaden hatten die Geduld des Advokaten auf eine so harte Probe gestellt, daß er die Gelegenheit seiner Berufung an das Gericht in Insterburg dazu benutzte, seiner quengelnden Gefährtin mit den allzu sauber gebürsteten Kleidern und der von Tränen ewig geröteten Nase endgültig zu entfliehen. Er erreichte die Scheidung, und das Gericht auferlegte ihm die Sorge

Blick auf Königsberg. Anonyme Lithographie

für seinen Sohn Karl, während der kleine Ernst der Mutter zugesprochen wurde. Das Kind war damals vier Jahre alt, und die beiden Brüder nahmen in der Folge keinerlei Kontakt miteinander auf. Der einzige auf uns gekommene Brief ist vom 10. Juli 1817; Ernst macht darin eine Anspielung auf ihren Viola di Gamba spielenden Vater und auf einen rot lackierten Flügel. Vielleicht seine früheste Erinnerung.

Nach der Trennung zog Luise zu ihrer Mutter. Vermutlich schöpfte sie aus dem Scheitern ihrer Ehe Stoff für ihr Lamentieren. Der kleine Ernst mußte ihr damals wohl das Publikum abgeben, und wahrscheinlich hat er sich später daran erinnert, als er die Szene schilderte, in der Kater Murr seiner Katzenmutter begegnet, die in weinerlichem, theatralischem und vehementem Ton alle Klischees mütterlicher Hingabe und Opferfreudigkeit herleiert.

Eine seltsame Kindheit war es gewiß, die E. T. A. Hoffmann in dem weiträumigen grauen Haus in der Poststraße erlebte, dessen Garten an den eines Mädchenpensionats stieß. Man stelle sich einen behäbigen Wohnsitz im alten Preußen gegen Ende des 18. Jahrhunderts vor, mit den bebilderten Kachelöfen, dem Cembalo und der

Harfe in ihrer bunt bedruckten Kattunhülle, dem gravitätischen Ticktack einer Intarsien-Uhr, der Nüchternheit der Rohrstühle und der grau gestrichenen Fußböden, der eisigen Sauberkeit und der lastenden Langeweile. Langeweile, aber keine Stille, denn von Zeit zu Zeit gellt das Geheul einer Wahnsinnigen durchs Haus, läßt die Großmutter zusammenfahren, entlockt Luise wieder Tränen und berührt mit unauslöschlichen Zeichen, einem Schauer des Grauens und der Lust, den schmächtigen Knaben mit den zu großen Augen. Diese Irre, deren Schreie die Kindheit des Dichters durchhallen, bewohnt im oberen Stock eine Wohnung, die sie mit ihrem Sohn Zacharias Werner teilt; sie hält ihn übrigens für den Gottessohn und erzieht ihn so, wie eine derartige Stellung es erfordert. Zacharias ist sechs Jahre älter als Ernst, und in den Tagen der Kindheit haben sie keinerlei Beziehung zueinander gefunden.

Später sollte E. T. A. Hoffmann in Warschau dem Dichter Zacharias Werner wiederbegegnen, einem verworrenen und mystischen Geist, einem bizarren und liederlichen Mann, der für ihn eine bloße Bekanntschaft, aber niemals ein Freund war. An Hippel schrieb er über ihn: *W. ist mir ein trauriger Beweis, wie die herrlichsten Anlagen durch eine alberne Erziehung ertötet werden können, und wie die regste Phantasie kriechen lernen muß, wenn sie von niedrigen Umgebungen heruntergezogen wird.* Nichtsdestoweniger haben die überhitzten und überladenen Dramen von Zacharias Werner einen unleugbaren Einfluß auf das romantische Theater in Deutschland ausgeübt. Hier interessiert er uns nur insofern, als Hoffmann trotz kritischem Geist und beißendem Humor ihn überschätzt zu haben scheint; er räumt ihm in den Dialogen, die die *Serapions-Brüder* einrahmen, ziemlich viel Platz ein, aber auch hier verraten die Betrachtungen über «Das Kreuz an der Ostsee» oder über «Die Mutter der Makabäer» eigentlich ein doch nur ziemlich spezielles und begrenztes Interesse. In seinen Briefen geht Hoffmann allerdings sehr viel strenger mit ihm um. Dagegen sind die Parallelen zwischen dem Fall Werner und dem Fall Hoffmann außerordentlich instruktiv, und sie können letzterem kaum entgangen sein. Zum Beispiel:

Man sagt, daß der Hysterismus der Mütter sich zwar nicht auf die Söhne vererbe, in ihnen aber eine vorzüglich lebendige, ja ganz exzentrische Phantasie erzeuge, und es ist einer unter uns, glaube ich, an dem sich die Richtigkeit dieses Satzes bewährt hat. Wie mag es nun mit der Wirkung des hellen Wahnsinns der Mutter auf die Söhne sein, die ihn auch, wenigstens der Regel nach, nicht erben? – Ich meine nicht, jenen kindischen albernen Wahnsinn der Weiber, der bisweilen als Folge des gänzlich geschwächten Nervensystems eintritt, ich habe vielmehr jenen abnormen Seelenzustand im Sinn, in dem das psychische Prinzip, durch das Glühfeuer überreizter Phantasie zum Sublimat verflüchtigt, ein Gift worden, das die Lebensgeister angreift, so daß sie zum Tode erkranken und der Mensch in dem Delirium dieser Krankheit den Traum eines anderen Seins für das wache Leben selbst nimmt.

Der letzte Satz dieses Abschnitts gilt durchaus auch für Hoffmann selbst, ebenso übrigens wie die Seiten, die im Original auf diese Stelle folgen. Er entwickelt darin die Theorie einer Ansteckung des Wahnsinns, der die hypersensiblen Söhne hysterischer Mütter unterlägen. Und man spürt darin auch eine tiefe und verschämte Sympathie Hoffmanns für den unseligen Werner, bei dem er jene Auflösung der Persönlichkeit und des Lebensgefühls erkannt zu haben scheint, wie sie einer der hervorstechenden Züge seiner eigenen Existenz sein sollten.

In dem Haus in der Poststraße, durch das Kälte und Wahnsinn schweifen, findet der kleine Ernst wenig Zerstreuung. Wenn er nicht sich selbst überlassen ist, steht er unter der Fuchtel des Onkels Dörffer, des älteren Bruders der Mutter, eines beschränkten, bigotten und pedantischen Juristen. Melomane wie fast alle Dörffer, organisiert er manchmal vor Freunden der Familie nicht enden wollende Konzerte im Salon. So klein Ernst auch noch ist, er muß schon daran teilnehmen, und zu seiner Unterhaltung beobachtet er den grotesken Schatten der Musikanten, den der Kerzenschein auf den Wänden zittern läßt.

Den einzigen Strahl Wärme spürt das Kind in der Person der Tante Sophie, einer jung gebliebenen alten Jungfer, die ihren Gesang auf der Laute zu begleiten versteht. Später hat Hoffmann sich ihrer bei der Schilderung des Todes der guten Tante Füßchen in den *Lebens-Ansichten des Katers Murr* erinnert.

In dieser Kindheit *gleich dürrer Heide*, wie er selbst sagt, wo der krankhafte Ordnungstrieb Luises, die preußische Disziplin und die Repetieruhr Onkel Ottos jeden Schritt festlegen und alle Einzelheiten regeln, gibt es nur eine einzige Tür ins Freie: den Traum. Wenn es stimmt, daß die merkwürdige Kindheit E. T. A. Hoffmanns uns den Schlüssel zu seiner Persönlichkeit, zu seinem Charakter, seinem Werk und seinem Leben liefert, so kann man natürlich einwenden, daß das schließlich für jeden Menschen zutrifft. Aber es ist doch wohl eine Frage des Umfangs: Hoffmann ist zweifellos par excellence jemand, dessen Bahn in den Tagen der Kindheit bereits vorgezeichnet wurde; jedes Ereignis in seinem späteren Leben ist die Folgeerscheinung und Konsequenz eines in der Kindheit vorgefallenen Faktums gewesen; fast alle wesentlichen Elemente und fast alle Leitmotive seines Werkes lassen sich auf Eindrücke aus seiner Kindheit oder zum minde-

Der Domplatz in Königsberg. Anonyme Lithographie

sten auf eine Geistesverfassung zurückführen, die sich in der Folge aus ihnen ergeben hat.

Selbstverständlich tragen auch Vererbung und Milieu zur Entwicklung des kleinen Ernst bei. Isoliert im Schoß einer Familie, die er nicht anerkennen will, baut er die Einsamkeit als eine vergnügliche Kunst aus, zieht sich in sich selbst zurück und leistet sich selbst Gesellschaft. Seine außerordentliche Sensibilität und die Empfindlichkeit seiner Nerven, die ständig durch den düsteren Zwang dieser Jugend verletzt werden, würden ihn in Stumpfheit versinken lassen, wendete er nicht das Mittel an, das sein vitaler Instinkt ihm eingibt, und schüfe er sich nicht die Waffe zur Selbstverteidigung, durch die allein er sein Wesen schützen kann. Allmählich und blindlings, ohne auch nur zu wissen, was er tut, errichtet er um sich eine Mauer des Stolzes, einen stahlharten Panzer der Indifferenz, dessen Lücken zu schließen ihm allerdings niemals gelingen wird. Und durch diese durchsichtige, glatte, gebrechliche Rüstung hindurch, die wie ein Kristallglas alle Regenbogenfarben widerspiegelt und ihn wunderbar vor den Tränen der Mutter und den Speichelbläschen Onkel Ottos isoliert, schaut er auf alle, von denen er sich distanziert hat. Er ist *ins Kristall gefallen*, wie er es mit dem Studenten Anselmus in *Der goldne Topf* geschehen läßt. Es verschafft dem kleinen Ernst eine Perspektive, die sich stark von der mittelmäßiger und ehrerbietiger Kinder unterscheidet, und räumt ihm einen Beobachtungswinkel ein, der frei von sentimentalen Schnörkeln, radikal von übernommenen Konventionen gereinigt und des Respektes vor Autoritäten ledig ist. Was er sieht, ist dazu angetan, zu schallendem Lachen zu reizen: die Welt ist voll verrutschter Strümpfe, schiefer Perücken, Warzen, Fettpolster, welker Schleifchen, O-Beine und Kupfernasen; da gibt es mit Schuppen bedeckte Samtkragen, lachhafte Schielaugen, schwindelerregende Hinkebeine, Fliegen, die sich auf Glatzen ergehen, Geheimräte, deren Hosenlatz klafft, Pastoren, die über eine Teppichecke stolpern und beim Fallen das Honigglas und die Schokoladekanne mitreißen. Zuhören ist genauso amüsant wie zusehen: Zungen, die sich versprechen, stottern, lispeln, unfreiwillige Kalauer, grollendes Magenknurren, Stockschnupfennasale, Schleimhusten, knarrende Korsetts, quietschende Schuhsohlen. Von früher Kindheit an verfügt Ernst schon über das Auge des künftigen Schriftstellers und Karikaturisten, über die Gabe spottlustigen Ahnungsvermögens eines geborenen Satirikers. Für ihn sind nur die Tiere nicht lächerlich, nicht verlogen. Niemals äußern sie Dummheiten, wie die Erwachsenen sie serienweise von sich geben; die Tiere haben ihre animalische Würde und die Integrität ihrer Instinkte bewahrt, sie akzeptieren und erwidern die Freundschaft, die ein einsames Herz ihnen entgegenbringt. Hoffmann wird sie sein Lebtag zärtlich lieben, und in seinem Werk nehmen sie einen Ehrenplatz ein.

Doch die groteske und absurde Welt, die zu beobachten er die Muße hat, ist ihm nicht nur Gegenstand der Belustigung, sondern auch eine Quelle des Kummers. Dunkel ist das Kind betrübt über ihre grundlegende Unzulänglichkeit, ihr Versagen, ihre Mängel, ihre Spiegelfechterei. Der Keim zu der Ordnungsliebe, die er in sich hat und die sich merkwürdig mit seiner launischen Natur durchdringt, läßt ihn sich nach Harmonie, nach Vollendung, nach dem Absoluten sehnen. Dieses Streben, dieser Durst werden in allen Werken, die zu schreiben er berufen ist, spürbar sein, während andererseits auch die Musik ihm machtvoll Eingang in die ideale Welt, von der er träumt, verschaffen wird.

Doch bereits ist er für immer in die Hölle jener verdammt, die ohne Liebe aufwachsen, verdammt zur leidenschaftlichen, fieberhaften, ununterbrochenen Suche nach Liebe, zum Unvermögen, sich einfach und ganz hinzugeben, wenn er sie gefunden zu haben glaubt. Er wird es oft glauben, doch immer wird er zuviel verlangen, um nicht schließlich enttäuscht zu sein. Und diese Enttäuschung wird der eigenen inneren Zurückhaltung entspringen, die er der Liebe gegenüber hegt, wird ihre Wurzel darin haben, daß er sich der Unmöglichkeit vollkommener Hingabe bewußt ist, daß sich auszuliefern ihm widerstrebt und daß er im tiefsten Innern heimlich eine noch schönere Liebe, ein Wunder erwartet, das ihn aus dem Gefängnis, in dem er eingeschlossen ist, befreit. Die Furcht, das Wunder zu versäumen, wird aus ihm einen unbeständigen Liebhaber machen, der sich in seinen eigenen Netzen fängt.

Ein anderes Glück sollte ihm vorbehalten sein: das Glück aufrichtiger Freundschaften, alter Zuneigungen, dauerhafter Anhänglichkeit. In dieser Hinsicht wird sein Leben wunderbar reich sein.

Mit sechs Jahren tritt Ernst in Königsberg in die reformierte Schule ein. Dort schließt er Bekanntschaft mit Theodor Gottlieb (von) Hippel, der ein Jahr älter ist als er, und die Zuneigung, die zwischen ihnen entsteht, wird so lange dauern wie sie beide. Das 18. Jahrhundert besaß den Kultus der tiefen Freundschaften; man widmete sich ihm ohne Hintergedanken und ohne falsche Scham. Die Prüderie, die Gezwungenheit, die Bigotterie und die geistige Unsauberkeit, die seit der viktorianischen Ära herrschen, waren erst nötig, um die Reinheit der Freundschaften zu trüben.

Hippel war vielleicht der einzige, dem Hoffmann seine Gedanken rückhaltlos offenbart und sein Herz geöffnet hat (soweit es ihm überhaupt möglich war), und der Blick, den der Freund in diesen Abgrund von Widerspruch und Qual geworfen hat, muß eine so gesunde und ausgewogene Natur wie die seine oft mit Staunen erfüllt haben. Hoffmann war trotz seiner Turbulenz sehr verschlossen, und er gesteht selbst, er ließe *nicht so leicht etwas von der innern Seite heraus, wie eitle Leute das Schnupftuch aus der Rocktasche.*

«Nußknacker und Mausekönig».
Illustration von Theodor Hosemann

Nur mit großer Mühe erhielt der junge Ernst von Onkel Otto die
Erlaubnis, zusammen mit Theodor zu arbeiten; wenn die Schulauf-
gaben gemacht waren, lasen, diskutierten, zeichneten die beiden
Freunde, verkleideten sich als Türken, gruben im Garten Tunnels
und organisierten wilde «Pantoffeljagden». Manchmal setzt sich
Ernst, der seit seinem dreizehnten Jahr zu komponieren begonnen
hat, ans Klavier, um dem Freund seine Kompositionen vorzuspielen.
Denn nachdem er jahrelang die von Onkel Otto erteilten Musikstunden erdulden mußte, erlebt er endlich die Freude, dank seinem
neuen Lehrmeister, dem Organisten Podbielski, sich die wahre Welt
der Harmonien erschließen zu sehen; von diesem mürrischen alten
Original wird er ein stilisiertes Porträt in *Die Fermate* und dann in
Kater Murr unter den Zügen Meister Abrahams zeichnen. Denn im-

mer wieder stößt man auf Personen, die er in seiner Jugend gekannt hat; sie spuken in seinem Werk, wechseln von einer Erzählung in eine andere über, stehen nur am Rande oder spielen die Hauptrolle. So sind gewisse Züge des alten Advokaten in *Das Majorat* dem sympathischen Großonkel Voeteri mit seiner feinen Ironie, seinem Ungestüm, seinem gesunden Menschenverstand, seiner Pfeife und seinem Schlafrock entlehnt. Auch einem Klassenkameraden, dem späteren Maler Matuszewski, begegnen wir, stilisiert zur Gestalt des wahnsinnigen Malers in *Der Artushof*. Alle Inspiration scheint in den Jahren der Kindheit aufgespeichert und als Vorrat gesammelt worden zu sein. Immer und überall aber sind Wirklichkeit und Fiktion miteinander vermischt. Denn nie hat Hoffmann seine Gestalten bloß kopiert, sondern mit dem Rohstoff, den Leute, die er gekannt hatte, abgaben, neu konstruiert. Mit seiner eigenen Substanz hat er sie bereichert, hat sie oft das sagen lassen, was er selbst zu äußern wünschte; wahrscheinlich finden wir darum bei ihnen so häufig, was man seinen Denkstil nennen könnte. Hoffmann ist immer gegenwärtig, auch da, wo der verzauberte Leser die Anwesenheit des Hexenmeisters vergißt. Es gab also eine ständige Assimilierung des Autors und seiner Gestalten, die manchmal nur schwach und kaum merklich ist, manchmal dagegen um so spürbarer in Erscheinung tritt, je lebhaftere Sympathie der Autor für das reale Vorbild der literarischen Figur empfand. Oft liegt auch ein Akt des Abreagierens vor, und vermutlich ist die Häufigkeit, mit der wir in Hoffmanns Werk auf das Thema des Wahnsinns stoßen, für ihn nicht romantisch-poetischer, pittoresker Schmuck gewesen, sondern ein Versuch magischer Beschwörung der Fatalität, die er auf sich lasten fühlte: der Spaltung der Persönlichkeit, der mehr oder weniger intensiven Bedrohung durch die Schizophrenie.

Doch in diesen Kindheitstagen, in denen der künftige Dichter unaufhörlich seinen Vorrat an Eindrücken und Bildern vermehrt, in dieser *dürren Heide*, in der er wunderbunte Steine sammelt, erlebt er doch auch banale und sanfte Freuden wie andere Kinder. Weihnachten zum Beispiel, wie es war, ehe es kommerzialisiert worden ist. Duft nach Äpfeln, Zimt und Ingwer, Knarren von Schranktüren, Rascheln von Seidenpapier, wenn die Schatten schon am frühen Nachmittag die Stubenecken füllen.

Diese geheimnisgeladene Stimmung schlägt uns aus dem Anfang von *Nußknacker und Mausekönig* und von *Meister Floh* entgegen, wenn die Helden dieser Erzählungen im dämmrigen Zimmer darauf warten, daß der silberne Klang eines Glöckchens sie zur Bescherung ruft. Und wo Hoffmann in einem Brief an Hippel die Flöten, Klarinetten und Jagdhörner erwähnt, die in der Silvesternacht vom Turm

Königsberg: die alte Universität. Anonymes Aquarell

herabschallen, ist es wiederum ihr Echo, das ihn über die Jahre hinweg erreicht, die ihn von der Kindheit trennen. Aber war er wirklich jemals ganz von seiner Kindheit getrennt? Wie alle, die schon als Kinder erwachsen waren, bewahrt er auch noch im Mannesalter in sich ein kindliches Prinzip. Er ist gewiß nicht naiv, er ist es nie gewesen; doch während seines ganzen Lebens zeigt er eine deutliche Vorliebe für Schwänke, Grimassen, Maskeraden, Mystifikationen und namentlich für Spielzeug. Dem Spielzeug zu Ehren und vielleicht auch für das Kind, das er einstmals war, schreibt er seinen *Nußknakker*, der aus Freundschaft für Hitzig dessen Kindern gewidmet ist. Wie fast alle Liebhaber von Puppen und Hampelmännern fühlt er Kindern gegenüber eine große Indifferenz. Wenn der Prinz Ignaz in *Kater Murr* als eine Karikatur gelten kann, können wir dagegen in Peregrinus aus *Meister Floh* ein nachsichtiges Selbstporträt sehen. *Peregrinus setzte sich an den Tisch, um ruhig die andern glänzenden Gaben in näheren Augenschein zu nehmen. Mit Wohlbehagen verzehrte Peregrinus einigen Marzipan, indem er diese, jene Gliederpuppe ihre Künste machen ließ, in dieses, jenes Bilderbuch guckte, dann Heerschau hielt über seine Armee, die er sehr zweckmäßig uniformiert und mit Recht deshalb unüberwindlich fand, weil kein ein-*

ziger Soldat einen Magen im Leibe, zuletzt aber fortschritt zum Jagdwesen. Mit Verdruß gewahrte er jetzt, daß nur eine Hasen- und Fuchsjagd vorhanden, die Hirschjagd sowie die wilde Schweinsjagd aber durchaus fehlte. Auch diese Jagd mußte ja da sein, keiner konnte das besser wissen als Peregrinus, der alles selbst mit unsäglicher Mühe und Sorgfalt eingekauft. (Der Leser wird alsbald davon unterrichtet, daß Peregrinus sechsunddreißig Jahre alt ist.)

1792 bereits immatrikulierte sich Ernst an der juristischen Fakultät. Es ist die Zeit, in der Kant einen Lehrstuhl an der Königsberger Universität innehat, doch der junge Mensch hört ausschließlich juristische Vorlesungen. Hätte es sich ergeben, daß er die Prinzipien der Kantschen Philosophie gehört hätte, so wäre vermutlich sein Innenleben kaum davon berührt worden; er hätte sie abgelehnt.

Ohne sich besonders hervorzutun, ist Hoffmann doch ein fleißiger Student, weniger glänzend vielleicht als sein Freund Hippel, der wie er die juristische Laufbahn einschlagen will. Ihm unterbreitet Hoffmann seine ersten literarischen Versuche, *Cornaro, Memoiren des Grafen Julius von S.* und *Der Geheimnisvolle.* Leider sind diese Arbeiten nicht auf uns gekommen, obwohl eifrig nach ihnen gesucht worden ist. Hippel bewundert, übt Kritik und gibt Anregungen, wie er es auch tut, wenn Hoffmann ihm seine Zeichnungen und Karikaturen vorweist, denn dieser besitzt ein echtes Zeichentalent; er pflegt es, indem er bei dem Maler Saemann Unterricht nimmt.

Nicht einen einzigen Tag aber versäumt er seine musikalischen Übungen, und mit achtzehn Jahren ist er schon in der Lage, Klavierunterricht zu geben. Um diese Zeit haben seine Figur und sein Gesicht bereits das charakteristische Aussehen angenommen, das sich im Laufe der Jahre kaum noch wandeln wird. Der junge Mann ist von weit unterdurchschnittlicher Größe, sehr hager, ein wenig vorgebeugt. Sein blauschwarzer Schopf hängt unordentlich in die hohe Stirn, die Nase ist gebogen, das Kinn schuhförmig aufwärts gekrümmt, der Teint gelb, der sehr große Mund scheint über einem Geheimnis versiegelt zu sein; die Augen, herrlich und kurzsichtig, von der Farbe des Mondsteins, glänzen und funkeln von beunruhigendem Feuer zwischen den langen Wimpern. Die ganze Alraungestalt wird von ständigem Zappeln, von unaufhörlichem Gestikulieren in Bewegung gehalten. So erscheint er seiner ersten Schülerin, die auch seine erste Geliebte wird.

Sie heißt Dora Hatt; drei oder vier Jahre älter als er, ist sie unglücklich mit einem Weinhändler verheiratet und Mutter eines kleinen Mädchens. Hoffmann ändert den Namen Dora nach der Heldin in Kotzebues «Die Sonnenjungfrau» in Cora um. Am 12. Dezember 1794 schreibt er an Hippel, der sich in Arnau aufhält: *Daß ich meine*

Innamorata so ganz mit all dem Gefühle liebe, dessen mein Herz fähig wäre, daran zweifle ich sehr, nichts wünsche ich aber weniger, als einen Gegenstand zu finden, der diese schlummernde Gefühle weckt – das würde meine behagliche Ruhe stören, würde mich aus meiner vielleicht imaginären Glückseligkeit herausreißen, und ich erschrecke schon, wenn ich nur an den Troß denke, der solch einem Gefühl auf den Fersen folgt – da kommen – Seufzer – bange Sorgen – Unruhe – melancholische Träume – Verzweiflung pp – ich meide daher alles, was so etwas involvieren könnte. – Zweifellos eine große Weisheit, die vortrefflich mit der

Laurence Sterne.
Stich von Edward Fisher
nach Joshua Reynolds

gescheiten Geistigkeit des 18. Jahrhunderts in Einklang steht. Doch ein junger Mann voller Leidenschaft ist nicht besonders fähig, sich danach zu richten. Man liebt nicht, wenn man will; die echte Leidenschaft hat immer etwas Ungereimtes, Unzeitiges und Unpassendes. Daran erkennt man sie sogar. Vierzehn Monate später schreibt Hoffmann dem treuen Vertrauten seiner Liebschaften: *Du hast alles in Anschlag gebracht, nur nicht, daß ich sie bis zum Unsinn liebe, und daß gerade das mein ganzes Unglück macht.* So sind halt die Streiche des Schicksals, auf die man gefaßt sein muß. Hoffmann leidet darunter, daß Cora ihm nicht allein gehört, und die Rechte des Ehemanns erscheinen ihm der Gipfel der Schändlichkeit und Niedertracht. Vor allem aber leidet er, weil Cora ihn nicht so glühend zu lieben scheint wie er sie. Sein Leben lang wird er von demselben Feuer, demselben Zweifel verzehrt werden. Und wenn der Gegenstand seiner Liebe oft wechselt, wird es doch immer dieselbe Liebe bleiben, jene, die er in der Einsamkeit der *dürren Heide* entwickelt hat.

Unruhe und Verwirrung herrschen in Hoffmanns Seele; Hippel kann er sich nur über das Ersatzmittel der Korrespondenz anvertrauen, denn der Freund hat seit kurzem den Posten als juristischer Auskultator in Marienwerder angetreten. Die lieben Leute in Königsberg schwatzen und Gerüchte über Ernsts Liebesbeziehung dringen zu Ohren der Dörffer; vergiftete Anspielungen, perfide Retizenzen.

Seit dem Tod Luises und der Großmutter ist das Haus in der Poststraße noch düsterer geworden. In seine Stube zurückgezogen, liest Hoffmann viel: Schiller, Goethe, Sterne, Swift. Sterne hat offenbar auf seinen Geist den größten Einfluß ausgeübt. Gewiß, die Durchtriebenheit des Stils, die Freude am Ausspinnen einer langen Arabeske, die Verwendung von Umschweifen und von kaum skizzierten Elementen, deren Faden nach langem Umweg wieder aufgenommen wird, sind für das 18. Jahrhundert charakteristische Formeln. Es bedeutet vielleicht auch nicht allzuviel, daß der Name Yorick in Hoffmanns Briefen mehrfach vorkommt; ebenso braucht man der Parodie Sternes, die er um diese Zeit schreibt, kein großes Gewicht beizulegen. Wichtiger ist, daß der junge Mann in Sterne eine Art geistigen Bruder entdeckt hat, da dessen ironische Weise und sein Sinn für burleske Situationen mit seinen eigenen verwandt sind. Der große, acht Jahre vor Hoffmanns Geburt verstorbene Ire verrät ihm in seinen Werken, daß er Menschen und Dinge unter dem gleichen Gesichtswinkel gesehen hat, unter dem auch der Jüngling sie immer betrachtet. Von Anfang an ist Hoffmann sich dieser Affinität bewußt, wird sie später aber manchmal ausbauen, ohne sich Rechenschaft darüber zu geben. So wenn er beim Niederschreiben von *Der Magnetiseur* die grotesken Beerdigungsfeierlichkeiten schildert, bei denen eine Kastanie einem Pastor auf die Perücke fällt und eine Wolke von Puder aufstäubt, die die Trauergäste einhüllt und die größte Unordnung verursacht. In der Folge hat Hoffmann allerdings diese Stelle selbst gestrichen, weil die mit einem Pastor in Beziehung gesetzte Kastanie beim Leser unweigerlich eine ganz bestimmte Ideenassoziation hervorruft und sofort an die Geschichte des Phutatorius in «Tristam Shandy» denken läßt. Unabhängig von den sprachlichen Unterschieden stellt man oft eine auffällige Analogie in Komposition und Aufbau zwischen den Texten eines Sterne und denen Hoffmanns fest. Mehr als Beeinflussung eine Verwandtschaft. Es ist außerordentlich schwierig, mit absoluter Sicherheit behaupten zu können, genau an welchem Tag jemand, der vor 170 Jahren gelebt hat, dieses oder jenes Buch gelesen habe, sofern er uns nicht selbst darüber ins Bild setzt. Doch wenn meine Informationen richtig sind, hat Hoffmann Sterne zum erstenmal 1795 gelesen. Doch bereits 1794 schreibt er an Hippel einen Brief, der wahrhaftig auch aus der Feder Yoricks stammen könnte:

Wie Andacht und Frömmigkeit, die immer mit goldenem Zepter in unsrer Familie geherrscht haben, es heischte, daß wir unsre Sünden bereuen und zur Communion gehn mußten, wollte der dikke Sir[1] recht anständig erscheinen und wusch daher Freitag vorher aus seinen schwarzen Hosen sehr sorgfältig die Rudera des Durchfalls einer unverschämten Schwalbe und der fetten Teile der Sauce eines wohlschmekkenden Ragouts, hing sie bei sehr schönem Wetter unter sein Fenster und watschelte darauf zum hypochondrischen Freunde. – Unter der Zeit entstand ein heftiger Platzregen, kaum sah ich die durchnäßten Hosen, als ich den unwiderstehlichen Trieb fühle, dem Platzregen ein wenig zu Hülfe zu kommen, ich leerte also 5 Gießkannen und 3

Theodor Gottlieb von Hippel.
Anonymer Stich

volle pots de chambre auf die unglücklichen Hosen aus, welches alles sehr schön einzog und sie dermaßen schwer machte, daß der Bindfaden, woran sie hingen, sie kaum zu halten vermochte. – Als Sir Ott nach Hause kam, war der erste Gang zu seinen Hosen. Flossen gleich nicht helle Tränen über die rotbraunen Wangen seines Angesichts, so verrieten doch klägliche Seufzer die Angst seines Herzens, und Schweißtropfen wie Perlen auf der orangenen Stirne den Kampf seiner Seele – 3 Stunden wand er die Communionshosen, um alles Wasser hinaus zu bekommen. Des Abends klagte er sein Unglück der ganzen Familie und bemerkte zugleich, daß mit dem Platzregen häßliche Teile und verderbende Dünste heruntergefallen wären, die totalen Mißwachs verursachen würden, denn der Eimer Wasser, den er seinen Hosen ausgepreßt, hätte ganz bestialisch gestunken, worüber denn, als eine Landplage, die ganze Familie seufzte, ausgenommen die Tante, welche lächelte und versteckt äußerte, daß der Gestank wohl aus der Auflösung gewisser angetrockneter Teile ——— entstanden sein könnte. – Ich gehörte zu der Partei, die die Landplage annahmen, und bewies, daß, wenn die Wolken hellgrün aussehen, es immer so wäre. – Der Onkel verteidigte die Rei-

1 Der Onkel Otto Dörffer.

nigkeit seiner Hosen und sagte, sie wären so orthodox, wie seine Meinungen vom heiligen Geist.

Eine Schilderung, die Sterne nicht hätte verleugnen können. Was den Anglizismus *Sir* in seiner Anwendung auf Onkel Otto betrifft, so sei daran erinnert, daß der junge Hoffmann ihn schon lange zur Bezeichnung des Mannes anwendete, den er so von Herzen haßte.

Der Onkel Otto ist über die Anwesenheit seines turbulenten Neffen nicht sehr entzückt und das Gerede in der Stadt trägt noch zu seinem Unbehagen bei. Ernst hat selbst den Wunsch wegzukommen, um größere Freiheit zu gewinnen, und vor allem auch, weil er hofft, sich durch zeitweilige Entfernung über seine Gefühle zu Cora klarer zu werden. Da er just das Jahr vorher sein Examen als juristischer Auskultator bestanden hat, erhält er einen Posten am Gericht von Glogau in Schlesien, wo sein Onkel Johann Ludwig Dörffer Rat am Obergericht ist. Selbstverständlich ist auch Onkel Otto an dieser Entfernung nicht unbeteiligt. Die Abreise findet im Mai 1796 statt, und der Abschied von Cora ist so dramatisch, daß die anfällige Gesundheit des jungen Mannes dadurch stark erschüttert wird.

Glogau bringt ihm nicht die Unabhängigkeit, die er sich erhofft hatte. Er wohnt bei seinem Onkel Johann Ludwig, der fast ebenso steif und verdrießlich ist wie der Onkel Otto. Immerhin ist der Horizont ein wenig weiter als in Königsberg, das Haus von jungen Mädchen aufgeheitert; man geht aus, man tanzt. Die Mondänitäten der Kleinstadt sind recht platt, und der junge Mann bezeichnet sein

Leben in Glogau als *uninteressant.*
Kleine Liebschaften, flüchtige Bin-
dungen spielen nur eine Episoden-
rolle, deren absurden Charakter er
selber spürt. Er hat sich zwar damit
abgefunden, innerlich einsam zu
sein, aber es ist ihm unmöglich, sich
an die Banalität, die Mittelmäßigkeit der Umgebung zu gewöhnen.
Nur die Musik, die Malerei und die
Lektüre bieten ihm echte Möglichkeit, sich der Enge zu entziehen. Er
liest Shakespeare in der Schlegel-
schen Übersetzung und empfindet
dabei etwas wie einen Schock. Von
der Heftigkeit und Tiefe dieser verbalen Explosion ist er erschüttert,
zernichtet vor dieser flammenden Welt, in der Könige mit Gespenstern ringen, der Schall der Trompeten den Schwarm der Hexen in
die Flucht jagt, in der bis ins Erdinnere die Schmerzensschreie und
Flüche nachzitternd widerhallen, Zoten und die Stimme von Kö-
niginnen in verwunschenen Wäldern laute Echos wecken. Diese Lektüre, in die er sich immer mehr vertieft, läßt ihre Spuren zurück;
wenn man zum Beispiel das Lied der Hexen in *Nachricht von den
neuesten Schicksalen des Hundes Berganza* mit dem Hexenlied aus
«Macbeth» vergleicht, stellt man bei allem Unterschied in Tenor und
Ausdruck frappierende Analogien fest.

Um diese Zeit ist Hoffmann vor allem Musiker; er empfindet und
bewältigt die Welt musikalisch. Doch die Musik, die ihn trägt und
stützt, sollte trotz aller Mühen niemals das Ausdrucksmittel werden, durch das er seine Persönlichkeit manifestieren kann. Er ist sich
dieses Unvermögens bewußt, und das Ringen, das es ihm aufzwingt,
ist noch schmerzlicher und noch steriler als die Jagd nach dem Absoluten. Hoffmann ist zwar musikalisch sehr begabt und besitzt große
musiktechnische Kenntnisse, aber er ist weit davon entfernt, ein
Neuerer zu sein, er ist ein Nachahmer unter dem Einfluß Mozarts,
Glucks – dessen Gestalt ihm das Thema zu seiner ersten Novelle
abgibt – und der Italiener des 18. Jahrhunderts, Vivaldis, Cimaro-
sas, Fioravantis, Viottis. Wenn er später die Musik zu *Undine* komponieren soll, geht er daher mehrere Male in Aufführungen von

«Titus» und von der «Zauberflöte», um sich die nötige Anregung zu holen. Doch gerade im feenhaften und phantastischen Genre sind seine musikalischen Kompositionen mit Seichtheiten durchsetzt. Obwohl die Musik ihn *in das Reich des Unendlichen entführt,* wie er – übrigens ziemlich ungeschickt – in einer seiner zahlreichen Musikkritiken schreibt, wird er niemals dazu berufen sein, anderen das, was er selbst empfindet, durch sie zu vermitteln. Eine der Tragödien in Hoffmanns Leben: die verzweifelte Anstrengung eines Stummen, der eine wichtige Mitteilung zu machen hat und es nicht vermag. Wenn er endlich seine eigentliche Sprache findet, nämlich das Wort, und wenn er begreift, daß er damit alles ausdrücken kann, worum er so lange gerungen hat, wird er sagen, daß es *zu spät* sei, was eine Ungerechtigkeit gegen sich selbst ist, denn seine musikalischen Werke haben seine literarische Produktion vorbereitet. Die Zeit ist nie verloren, und noch die Stunde, in der wir nichts tun als atmen, ist nicht leer. Von dem Komponisten, der er gewesen war, erbt Hoffmann die wunderbare Gestalt seines Johann Kreisler.

Der Einfluß der Musik zeigt sich bald in der Tätigkeit der Figuren, bald in der Kompositionskurve und dem Rhythmus, mit dem die Handlung abläuft. In dieser Hinsicht hat der Dichter uns ein aufschlußreiches Dokument hinterlassen, das sich auf die *Elixiere des Teufels* bezieht. Es ist ein Brief vom 24. März 1814 an seinen Verleger, worin er den Anfang des Werkes mit einem *grave sostenuto* vergleicht, dem ein *andante sostenuto e piano* folge, worauf sich ein *allegro forte* anschlösse. Und von der *Prinzessin Brambilla* sagt der Autor selbst: *Um musikalisch zu reden, fehlt der Übergang von einer Tonart zur andern, so daß der neue Akkord ohne alle gehörige Vorbereitung losschlägt. Ja, man könnte sagen, das Capriccio bräche ab mit einer unaufgelösten Dissonanz.*

Immer und überall begegnen wir in den Schriften Hoffmanns der Musik, ob es sich nun um seine Erzählungen oder seine Briefe handelt. Just aus Glogau schreibt er an Hippel:

...daß die Liebe zur Freundschaft sich verhält, wie der Akkord der Äols-Harfe, der alle Fibern erschüttert, zu den angeschlagenen Saiten des Forte-Piano, die sanft und lange in der Seele nachklingen. Und am Ende des gleichen Schreibens: *Sie* (die Musik) *macht mich weich wie ein Kind, alle vergeßne Wunden bluten aufs neue.* Das sind nur zwei Beispiele aus Tausenden. Später wird ihn seine unglückliche Leidenschaft für Julia dazu treiben, die Stimme derer, die er liebt, auch allen seinen Jung-Mädchen-Gestalten zu verleihen. Doch 1796 ist er noch nicht soweit; trotz seiner äußersten Sensibilität und frühen Reife ist er noch weit entfernt davon, bereit zu sein.

DIE STADT

In Glogau lernt Hoffmann den Maler Molinari kennen, der eine merkwürdige Faszination auf ihn ausübt, einen fast dämonischen Zauber, den er in *Die Jesuiterkirche in G.* schildern wird. Er begegnet auch einem jungen Leutnant, Julius von Voß, dem künftigen Publizisten, und macht die Bekanntschaft Johannes Hampes, der wie er selbst seine Zeit zwischen der Musik und dem Verwaltungsdienst teilt. Auch diese Freundschaft wird bis zum Tod des Dichters dauern, und wenn die beiden Freunde manchmal für lange Zeit den Kontakt verlieren und sich nur selten schreiben, so wird doch ihre Beziehung niemals durch den geringsten Zwist getrübt und entwickelt sich harmonisch im Zeichen der gemeinsamen Passion für die Musik. 1803 schreibt Hoffmann in sein intimes Tagebuch: *Wann werde ich Dich wiedersehen mit Deinem blassen Gesichte – mit Deinem innigen Gefühl Dich wieder spielen hören?*

Im Frühling 1797 kann Hoffmann dem Verlangen nicht widerstehen, in Königsberg wieder mit Cora zusammen zu sein. Die Begegnung der beiden Liebenden kann für den jungen Menschen nur eine Enttäuschung werden, denn seine Phantasie ist ein Feuer, dessen Glut das Gefühl der gegenwärtigen Stunde verzehrt. Zu sehr hat er von Cora geträumt, um sie genauso leidenschaftlich in der Wirklichkeit lieben zu können. Das Bild seines Traumes schwankt, während dagegen die alte Eifersucht nicht erloschen ist, noch auch das Privileg jener, durch die er zum erstenmal Wollust erlebt hat. Hofft er, dadurch, daß er Cora in die Trivialität des Alltags einführt, den Schleier zu zerreißen, der ihm den Traum verhüllt, und somit das Bild wiederzufinden, dem er in der Einsamkeit in Glogau nachhing? Die Frau zu zerstören, um das Imaginäre wiederzuerschaffen? Oder glaubt er an diese Auferstehung des Fleisches, die so unwahrscheinlich ist wie die andere? Er macht der jungen Frau den Vorschlag, sich scheiden zu lassen und mit ihm zusammen zu leben. Auf seiten Coras: Ausflüchte, Skrupel, kleinliche Furcht davor, «was man sagen wird», und vielleicht schon die Erscheinung des Mannes, den sie nach dem Tod ihres Gatten heiraten wird. Jedenfalls lockert sich ihre Beziehung kurze Zeit nach Hoffmanns Rückkehr nach Glogau; die Briefe werden seltener, hören dann ganz auf. Und später, sehr viel später wird Coras Tochter, der er durch Zufall begegnet, ihm den Tod seiner einstigen Innamorata berichten.

Kurz nach dem Bruch verlobt sich der junge Mensch, der sein Referendar-Examen vorbereitet, mit seiner Cousine Minna Dörffer, der jüngsten Tochter des Onkels Johann. Lag irgendeine Art Zwang vor? Oder war es ein Verzweiflungsakt? Fügt er sich mit bitterer

Das Brandenburger Tor in Berlin

Ironie und dem Bewußtsein, daß das Schicksal ihn besiegt habe, in die Absurdität einer Lage, die ihn lebenslang zu den Dörffers verurteilt? Oder hat er einfach bloß den Wunsch, mit der jungen Gans zu schlafen, für die die Ehe der einzige Weg in den Alkoven ist?

Hoffmann besteht das Examen im Juni 1798. Zum gleichen Zeitpunkt wird Onkel Johann zum Rat am Gericht in Berlin ernannt. Er bewirkt für seinen künftigen Schwiegersohn eine Berufung an den gleichen Gerichtshof. Vor der Abreise leistet sich der junge Mensch ein paar Wochen der Entspannung, macht eine Reise ins Riesengebirge, dann nach Dresden. Dresden ist zunächst für ihn die berühmte Gemäldegalerie. Mehrere Tage lang schweift er durch die Säle der italienischen Meister, und die Fülle der Schönheit berauscht ihn wie Alkohol, läßt ihn wie unter einem Faustschlag torkeln. Die Helldunkel, die Früchte, das Fleisch, die Himmel, das Gold der Schmuckstükke, die Kaskaden von Stoffen, die Häfen in aprikosenfarbenem Licht, die Azurgletscher, die gelben Ebenen Umbriens, die Falkenjagden, die Jungfrauen mit den kleinen Brüsten, die dreifache Perlenschnur um die Stirn der Damen. Er weidet daran seine sinnenfrohen Augen, seinen imaginativen Geist. Italien wird damals für ihn zum Reich der Schönheit, wie italienische Musik für ihn Vollkommenheit darstellt. Für immer wird Sehnsucht nach diesem leuchtenden Land ihn ver-

26

zehren, diesem Land, dessen Sprache er bereits spricht, dessen Städte so oft in seinen Werken erscheinen werden, das seine leiblichen Augen aber niemals erblicken. Italien. In ihm erahnt er das Gleichgewicht und die innere Harmonie, die ihm selbst abgehen.

Im August richtet er sich, wie vorausgeplant, in Berlin bei der Familie Dörffer ein. Gewiß, es ist nicht Venedig noch Verona. Ende des 18. Jahrhunderts hat Berlin noch provinziellen, hausbackenen Charakter. Eine kleine preußische Residenz, wo man jungen Mädchen begegnet, die Körbe tragen, und alten Männern, die unter den Weiden- und Lindenbäumen der beiden Hauptstraßen Schubkarren vor sich herschieben. Wenn man rüstig ausschreitet, kann man in vier Stunden rundherum gehen, und man darf sich nicht allzuweit von den Wällen entfernen, wenn der Abend sinkt, denn man riskiert, die Pforte des Brandenburger Tores bei der Heimkehr mit großen hölzernen Flügeln verschlossen zu finden. Die Straßenbeleuchtung ist schlecht, und nachts hört man in regelmäßigen Abständen den Schritt des Nachtwächters, der, von seinem Hund begleitet, mit einer Pfeife die Stunden, mit einem Bockshorn die Feuersbrünste anzeigt. Die Häuser haben selten mehr als zwei Stockwerke; die Händler mit Hampelmännern und die Floh-Dompteure gehen, im Schatten barok-

Das Königliche Opernhaus, die Hedwigskirche und die neue Promenade

ker Torfahrten und der von gewundenen Säulen flankierten Hoftore, unter den leeren Augen der Steinmasken, ihrem Handwerk nach. Das Leben ist fröhlich in Berlin, nachdem man jetzt von der harten Autorität des Alten Fritz erlöst ist. Die Stadt besitzt ihr Opernhaus, sehr gute Theater, die literarischen Salons der Rahel Levin und der Henriette Herz. Mit eisenbeschlagenen Rädern rattern die Kaleschen der Diplomaten und der Schauspielerinnen à la mode über das Kopfsteinpflaster. Es gibt ausgezeichnete Hotels, elegante Konditoreien und Zeitungen, die dreimal wöchentlich erscheinen. Hoffmann atmet freier; kindlich bestaunt er alle die Schönheiten, die er in dieser merkwürdig ländlichen Hauptstadt entdeckt, wo einem Hühner zwischen den Füßen Körner aufpicken, während man über die letzte Kunstausstellung diskutiert. Er geht, beim alten Turm «mit dem grünen Hut», am Spreeufer spazieren, seine Schritte hallen zwischen den Bauten Schlüters und auf den Fliesen der Nikolai-Kirche wider; er besucht das Land bei Spandau und die Gärten von Sanssouci. Er beginnt diese Stadt zu lieben, wo es ihm gegeben sein wird, noch zweimal langen Aufenthalt zu nehmen, von denen der zweite durch die letzte Reise beendet werden wird. Berlin wird seine Lieblingsstadt, und sein Biograph Ernst Heilborn, dessen Buch ich viel verdanke, schreibt darüber sehr treffend: «Hoffmann hat Berlin literarisch Gesicht gegeben. Vor ihm war es eine der vielen Städte, und wenn man es bei Namen nannte, spürte man nicht den Hauch lebendiger Eigenart. Durch ihn bekam es Charakter, aus seinem Werk ballte sich ihm Atmosphäre. Er hat damit für Berlin getan, was Balzac, der ihm so seltsam seelisch Verwandte, für Paris geleistet hat.»

Während seines ersten Aufenthaltes in Berlin geht Hoffmann oft ins Theater; eine faszinierende neue Welt erschließt sich ihm. Er begreift sie in ihrer tiefsten Wesenheit, lernt und eignet sich ungewöhnlich rasch alles an, was sie betrifft. Er lernt immer sehr schnell und hat sich schon eine solide, vielseitige Bildung erworben, wie sie in diesem Umfang bei einem Manne seines Alters selten ist. Die Dramentexte, die Bühnenmusik, die Libretti, die Maschinerie, die Inszenierung und die Dekors haben für ihn bald kein Geheimnis mehr. Er beobachtet auch die, die sich in diesem exakten, aber in der Art eines Zerrspiegels gekünstelten Universum bewegen. Das Schauspiel der menschlichen Komödie endet niemals, alles geht weiter und wiederholt sich, wenn der Vorhang gefallen ist. Hoffmann durchschaut die Intrigen, studiert die Eitelkeiten, errät den Ehrgeiz dieses seltsamen Volkes, denn er macht die Bekanntschaft vieler Schauspieler. Er begreift um so besser, was er in ihnen entdeckt, als er selbst eine komödiantische Neigung besitzt, die Sucht, sich sehen zu lassen, aber wie viele Schauspieler auch eine tiefe und aufrichtige Liebe zur

Kunst. Hoffmann ist von dem Wunsch beseelt, etwas für die Bühne zu schreiben und schafft Musik und Text einer musikalischen Komödie *Die Maske*; Iffland, damals Intendant des Königlichen Theaters, lehnt sie aber ab.

Der junge Mann teilt seine Mußestunden zwischen Künstlerkreisen, Mondänitäten, dem Theater, den Konzerten und dem Zeichnen. Er malt nicht mehr, befleißigt sich aber, Porträts im klassischen Stil zu zeichnen; er bemüht sich, Genauigkeit des Auges mit der Perfektion der Interpretation zu synchronisieren. Er schreibt auch oder bereitet sich vielmehr darauf vor, zu schreiben. Schon als er noch in Königsberg war, hat er in einem Brief an Hippel notiert: *Die Wochentage bin ich Jurist und höchstens etwas Musiker, Sonntags am Tage wird gezeichnet und Abends bin ich ein sehr witziger Autor bis in die späte Nacht.*

Nach einer kurzen Reise nach Dresden, wo er Hippel trifft, besteht Hoffmann im Frühjahr 1800 das Assessor-Examen und erhält gleichzeitig seine Versetzung nach Posen in dem nach den Teilungen Polens von Preußen annektierten Gebiet. Posen ist eine Militär- und Verwaltungsstadt von tödlicher Langeweile, wo kein anderer gesellschaftlicher Kontakt zu existieren scheint als die nächtlichen Saufgelage der Beamten und Offiziere, bei denen Zoten gerissen werden und der Alkoholdunst die Gehirne vernebelt. Hoffmann indessen verschmäht es nicht, daran teilzunehmen, denn er liebt zu trinken – und zuweilen sogar in Gesellschaft zu trinken. Die Depression, die sich nach durchzechter Nacht einzustellen pflegt, und die difficulté d'être öffnen seltsamen Dämonen die Tür. Je mehr Hoffmann sich entwickelt und seine Persönlichkeit feste Umrisse annimmt, desto stärker gewinnen auch seine Bewußtseinsspaltung, die problematische und zwittrige Seite seiner Natur an Ausprägung. Eine Wandlung vollzieht sich, die Präfiguration des Dichters, der er sein wird. Im Verlauf einer kurzen Begegnung hat Hippel sehr wohl bemerkt, daß sein Freund verändert ist; er hat neue Bizarrerien an ihm entdeckt, ein noch beängstigender schwankendes Gleichgewicht als früher, mentale Verschrobenheiten, Launenhaftigkeit, schrille Dissonanzen.

Hoffmann befindet sich in einer Situation, die bei einem anderen zu einer Sackgasse werden könnte; er entkommt ihr aber auf die unerwartete Weise, die alle Ereignisse seines Lebens charakterisiert. Er ist entschlossen, sobald er zum Rat befördert sein wird, Minna Dörffer zu heiraten. Doch wie stets «geschieht, was er gar nicht erwartete, sei es nun Böses oder Gutes» und 1802 löst er bei seiner Promotion die Verlobung mit Minna, was wohl die vernünftigste Handlung in seinem tollen Leben gewesen ist. Drei Monate später

Posen: die Pfarrkirche. Stich, um 1810

heiratet er die junge Polin, mit der er zum großen Skandal der Muk-
ker seit einiger Zeit in wilder Ehe lebt. Maria Thekla Rorer-Trzynska
ist die Tochter eines obskuren Stadtschreibers, eine ruhige und gut-
herzige junge Frau, die eine unselige Neigung zur Korpulenz hat, deren lange schwarze Wimpern aber prachtvolle blaue Augen beschat-
ten. Hoffmann hat zeitlebens eine Vorliebe für Brünette mit hellen
Augen gezeigt. Über seine Ehe mit «Mischa» ist viel gekrittelt worden, doch das brave Mädchen in der Schürze war gleichzeitig prosa-

isch und großherzig genug, auch glücklose Umstände zu ertragen und hatte trotz ihrer intellektuellen Einfachheit doch Geist genug, ihrem Mann niemals mit Suaden über die Hauswirtschaft, ein geordnetes Leben, die schöne Karriere, die Gründung einer kinderreichen Familie und den Butterpreis lästig zu fallen.

Wenn er Mischa liebte, so hat er anscheinend für sie doch nicht jene unwiderstehliche und frenetische Leidenschaft empfunden, die in seinem Leben manchmal auftaucht. Es wurde behauptet, er habe die Bekanntschaft Mischas bereits in Glogau gemacht und sich ihr natürlich wieder genähert, als er sie in Posen wiederfand. Jedenfalls bietet sie ihm einen Hafen, eine unkomplizierte gute Kameradschaft, etwas wie die Wärme eines Heims. Wenn auch eine geistige Verbundenheit zwischen beiden Gatten niemals bestanden hat, gab es zwischen ihnen doch eine Art stillschweigenden Verstehens, eine unromantische Bindung in guten und bösen Tagen, trotz der kaum zu vermeidenden Konflikte, die das Zusammenleben mit einem Manne wie Hoffmann mit sich bringen mußte. Die Stricknadel und das Spitzenhäubchen haben oft die Mächte der Finsternis vertrieben. Aber diese Sanftheit kann Hoffmann auf die Dauer auch irritieren, und wenn er in *Das Gelübde* vom Charakter der polnischen Frauen sprechen wird, zählt er mit einer gewissen Bosheit gerade alle jene Eigenschaften auf, die Mischa abgehen: Leidenschaft, Launen, Sorglosigkeit, Witz, Koketterie und Eleganz.

Zwanzig Jahre wird er mit ihr leben, von der man gesagt hat, er habe sie aus Bequemlichkeit geheiratet, während es eigentlich doch ziemlich schwer ist, die Gefühle eines so verschlossenen Menschen, wie Hoffmann es war, zu entwirren. Das intime Tagebuch jedoch, das er 1803 zu schreiben beginnt, gibt uns trotz seiner bündigen Form wertvolle Aufschlüsse über die Seelenzustände des Dichters. Der Name seiner Frau taucht darin nicht allzu häufig auf, wenn es sich nicht um lapidare Feststellungen handelt wie zum Beispiel folgende: *Der Frau 20 Thaler für ein Kleid gegeben* oder auch: *Die Frau ist krank geworden.* Auf diese Bemerkung folgt unmittelbar die Eintragung, er habe sich bei seinem abendlichen Ausgang *sehr vergnügt.* Es wäre töricht, sich darüber zu indignieren, und noch törichter, daraus zu schließen, daß er Mischa überhaupt nicht liebte. Gerade wenn man leidet oder Sorgen hat, wünscht man nichts so sehr, als sich vergnügen zu können. Hoffmann besitzt die grausame Unschuld der Hypersensiblen. Da der Hypersensible ständig sich in höchst gespannten inneren Situationen befindet, fällt es ihm schwer, Mitleid und Teilnahme am Unglück der anderen zu hegen; eine einfache Reaktion seines Selbsterhaltungstriebes untersagt ihm, sich mit Schicksalsschlägen zu belasten, die er vermeiden kann. Das ist wohl der

Grund, warum Hoffmann zum großen Ärgernis all jener, für die die Menschenseele etwas sehr Simples ist, sich sehr gut amüsiert hat, während Mischa krank war. Für den Dichter, und vor allem für den romantischen Dichter, ist seine eigene Unruhe, sei sie nun echt oder nur eingebildet – und fraglich ist, wo hier die Demarkationslinie verläuft –, gleichzeitig Quelle der Energie, Spielzeug, Arbeitsmaterial und Gegenstand der Betrachtung. Vielleicht würde er, ließe er sich auf die der anderen ein, einen Teil seines Empfindungspotentials vergeuden und seine Aufgabe damit in Frage stellen. Seine Aufgabe ist es, Schönheit zu schaffen, und die Schönheit hat mit Moral nichts zu tun; oft ist sie ihr sogar entgegen. Um auf die Gefühle Hoffmanns für Mischa zurückzukommen, so muß ergänzend noch gesagt werden, daß nirgends in seinem intimen Tagebuch die Exaltiertheit, oder das, was er *exotische Laune* nennt, wobei unter «exotisch» phantastisch, beschwingt, kapriziös mit einem Stich ins Bizarre verstanden wird, in Beziehung auf seine Frau erwähnt wird. Aber wenn Mischa ihm auch nie Leidenschaft einzuflößen vermocht hat, liebte er sie vielleicht doch mit jener tiefen, unterirdischen, vegetativen Liebe, mit der wir unsere Gewohnheiten hätscheln.

Hoffmann ist ein wesentlich nächtlicher Mensch und nur sehr selten kommt es vor, daß er einen ganzen Abend zu Hause verbringt. Er liebt die Kneipen, die Maskenbälle, die Redouten. Der Karneval zieht ihn unweigerlich durch die geheimnisvolle, zweideutige, barbarische und verdächtige Seite an, durch das Spiel seltsamer Formen, exzessiver Gesten, ungewohnter Farben und vor allem durch das Rätselhafte der Maske, die ihrem Träger die Gabe des doppelten Antlitzes verleiht. Der Karneval von 1802 enthüllt für Hoffmann wieder einmal die Gebrechlichkeit des Augenscheins und das groteske Auseinanderklaffen von Sein und Schein. Jene, die das ganze Jahr über die Maske der Heuchelei tragen, zu entlarven, ist eine große Versuchung. In der Posener Gesellschaft wuchern Intrigen, gemeine Komplotte werden geschmiedet, abscheulicher Tratsch wird kolportiert, Animositäten und Perfidien verstecken sich unter erzwungener Bonhomie und der Jovialität einer table d'hôte. Ein junger Kollege Hoffmanns wird zum Selbstmord getrieben. Man lügt und betrügt. Hoffmann, der schon seit seiner Ankunft Posen für eine Kloake voll scheußlicher Bestien gehalten hat, ist mit ganzem Herzen von Zorn erfüllt und greift zwar nicht nach der Gänsefeder, diesem bissigen, spitzigen Instrument, dem er seinen Erfolg verdanken wird, sondern nach dem Stift des Karikaturisten. Er läßt seinem Sarkasmus die Zügel schießen und zeichnet eine Folge von Karikaturen, die er während einer Redoute zirkulieren läßt, aber so, daß die Opfer von ihrem eigenen Mißgeschick erst erfahren, nachdem sie sich über das der Nach-

Plock: Kathedrale und Kirche

barn krank gelacht haben. O ja, sie verstehen zu lachen, die Bürger von Posen, allerdings bloß, solange sie nicht selbst die Unkosten tragen. Eine ganze Kaste sieht sich lächerlich gemacht, und der General von Zastrow wirft sich zu ihrem entrüsteten Vorkämpfer auf, da die Art und Weise der Mystifikation bei weitem das übliche Maß alter Kasernenstubenschwänke überschreitet. Noch in der gleichen Nacht, in der der Skandal ausbricht, schickt er nach Berlin eine Eilstafette ab, mit einem ins Einzelne gehenden Bericht. Gerade ist die Promotion des jungen Hoffmann zum Gerichtsrat unterzeichnet worden. Doch nun ist keine Rede mehr davon: das Dokument wird annulliert und ein anderes ausgestellt, das den Rebellen nach Plock, einer kleinen polnischen Stadt, strafversetzt. Hoffmann erhält den Bescheid im April und verläßt Posen im Verlauf des Sommers, wenige Wochen nach seiner Heirat.

Plock. Ein Name, der klingt, als ob ein plumper Stein in einen Sumpf fällt. Langeweile gewundener Gäßchen, alte Klöster, Holzhäuser und jüdische Lädchen, die sich in den trägen Fluten der Weichsel spiegeln.

Die Bilanz, die Hoffmann aufstellen kann, ist nicht die glänzendste. Obwohl er seine juristischen Examen mit Auszeichnung bestanden hat, nimmt er nur den Posten eines unbezahlten Assessors ein und ist darauf angewiesen, von den spärlichen Mitteln zu leben, die ihm seine Familie aus Königsberg zukommen läßt. Ein paar seiner

musikalischen Werke sind in Posen aufgeführt worden, unter ande-
ren eine Kantate und eine Operette, haben ihm aber nur wenig Ehre
und noch weniger Geld eingebracht. Seine Schubladen stecken voller
Sonaten, Lieder für Klavier und Gitarre, Messen und Ouvertüren.
Jede Ablehnung durch einen Verleger läßt ihn das peinliche seiner
Situation noch grausamer fühlen.

Tagsüber hilft Hoffmann, Hühnerdiebe abzuurteilen, abends setzt
er sich ans Klavier und komponiert. Er schreibt Sonaten, ein Oratorium, eine *Große Fantasie für Klavier,* die ein Zürcher Verleger
prompt ablehnt, und eine *Messe in D-dur* für ein Nonnenkloster. Er
macht sich auch an literarische Arbeiten und verfaßt ein *Schreiben
eines Klostergeistlichen an seinen Freund in der Hauptstadt* über die
Chöre in Schillers «Braut von Messina». Der kleine Artikel erscheint
in Kotzebues Zeitung «Der Freimüthige» vom September 1803, und
so erlebt Hoffmann zum erstenmal die Freude, sich gedruckt zu sehen.
Es ermutigt ihn, an einem Wettbewerb für ein Libretto teilzunehmen, der gleichfalls von Kotzebue veranstaltet wird. Er gewinnt dabei zwar nicht den ersten Preis, doch seine Arbeit erhält ein besonde-
res Lob der Jury. All das ist offenbar nur von geringer Bedeutung,
bezeichnet jedoch den Beginn seiner literarischen Karriere.

DER DUNKLE IM SPIEGEL

Im gleichen Monat, dem Oktober 1803, beginnt Hoffmann auch mit
der Niederschrift seines intimen Tagebuchs. Der Anfang ist ziemlich
gut gegliedert und homogen, doch bald schon ersetzen einfache Wörter und kurze Notizen die Sätze der ersten Seiten. Schon im Laufe des
Winters weicht das Tagebuch von der ursprünglichen Absicht ab,
wird unregelmäßig geführt, löst sich zu kurzen Ausrufen auf, verzet-
telt sich zu einer bizarren Chiffrensprache, die sich aus lateinischen,
italienischen französischen oder sogar manchmal mit griechischen
Buchstaben chriebenen deutschen Sätzen zusammensetzt. Diese
Form soll jede mögliche Neugier Mischas ausschalten und wird namentlich in Bamberg während Hoffmanns Leidenschaft zu Julia gang
und gäbe sein. Vignetten Abkürzungen, Hieroglyphen, und unter
letzteren ist eine, die fast täglich vorkommt: die für ein Glas. Ab
und zu stößt man auch auf die Zeichnung eines geflügelten Glases,
was vielleicht Champagner bedeuten soll, oder aber auch, daß der
Verfasser sich dank dem Weine in exaltierter, «beflügelter» Stimmung befand. Doch während des Aufenthalts in Plock weder Exalta-
tion noch Champagner: man vegetiert und säuft einen Krätzer.

So knapp, unkomplett und dunkel die Eintragungen im Tagebuch auch sein mögen, so vermittelt es doch einen wesentlichen Einblick in Hoffmanns widersprüchliche Natur und in sein verwirrendes Innenleben. Seine Laune wechselt, wie sich feststellen läßt, von einer Stunde zur anderen, je nach ganz unwägbaren Faktoren, nach den winzigsten Vorfällen, die seine Sensibilität reizen, je nach der Güte und Menge des getrunkenen Alkohols, je nach der Farbe des Himmels, dem Klang eines Tonfalls oder einem aufgefangenen Lächeln. Es wäre jedoch zu leichtfertig, daraus auf Unstetigkeit zu schließen: Hoffmann ist doppelt; seine beiden Naturen lösen sich wechselweise ab mit unglaublicher Schnelligkeit und Subtilität, und sie bringen dabei eine doch gewissermaßen stetige Persönlichkeit hervor, indem sie in ihr eine regelmäßige Pendelbewegung vollziehen. Diese Persönlichkeit wird übrigens im Verlauf der Jahre literarischer Betätigung eine nur verhältnismäßig begrenzte Entwicklung durchmachen, wobei man selbstverständlich ein paar auf Lektüre oder äußere Umstände zurückgehende Einflüsse ausklammern muß, wie sie als unvermeidliche Fluktuationen schließlich für jeden lebendigen Geist nötig sind.

Hoffmann lebt zwei Leben, die sich deutlich voneinander unterscheiden: das eines Beamten und das eines Künstlers. Wenn das zweite sich vielfältig verästelt (denn wir werden sehen, daß Hoffmann als Künstler wunderbar vielseitig ist), so weist das andere dagegen die ziemlich genaue Kurve einer Juristenkarriere auf, deren üblicher Ablauf nur durch äußere Faktoren unterbrochen wird, etwa durch die Wirren der napoleonischen Kriege, die aber trotz ihrer weltweiten Bedeutung für Hoffmanns Persönlichkeit doch nur peripheren Charakter haben. In dieser Hinsicht stellt die verhängnisvolle Karnevalsmystifikation eine interessante und um so tragischere Ausnahme dar, als hier der Beamte den vom Künstler verübten Schwank zu büßen hat. Kurz, es handelt sich dabei um ein betrübliches Mißverständnis, um einen zufälligen Kurzschluß zwischen beiden Welten, die scheinbar ohne Berührung sind. Denn man darf nicht vergessen, daß Hoffmann ein untadeliger, pflichtbewußter Beamter ist. In einem seiner Briefe vom Mai 1815 an Fouqué kann man lesen: *Allerlei Diebe, Notzüchtiger, Betrüger pp liegen auf dem grünen Tisch und warten, daß ich sie einigermaßen prügle und ins Zuchthaus schicke.* Wenn er hinter besagtem grünem Tisch sitzt, ist seine Sensibilität ganz ausgeschaltet; seine Ironie, seine tiefe Kenntnis des Allzumenschlichen, sogar seine Phantasie sind dann beiseite getan und sorgfältig in einer verschlossenen Schublade verwahrt. Er wird dann wieder das, wozu seiner Herkunft und seine Zeit ihn bestimmt haben, ein preußischer Bürger, der unter Friedrich dem Großen in der Epoche der bezopften Grenadiere geboren ist, ein zu

Ordnung und Pünktlichkeit erzogener Mann, ein eifriger und unbeugsamer Staatsdiener, der seinen Dienst mit um so größerer Genauigkeit ausfüllt, als er die Tätigkeit, zu der er gezwungen ist, verabscheut. Dieser Mann ist tausendfach erschreckender als der geniale, von Gespenstern gehetzte Trunkenbold.

Es ist vielleicht nicht überflüssig, hier zu erwähnen, daß Hoffmann niemals in seinem literarischen Werk auch nur einen einzigen juristischen Fall verwendet, der ihm untergekommen war, ausgenommen allerdings in *Meister Floh,* dessen Handlung ihm teilweise von der «Demagogenverfolgung» des Jahres 1821 eingegeben wurde, von jener Schnüffelaktion, die von dem ihm besonders widerlichen Polizeidirektor betrieben wurde. *Das Fräulein von Scuderi* dagegen und *Die Marquise de la Pivardière* schöpften ihre Anregung in der Lektüre der «Causes célèbres et intéressantes» von François Richer, Advokaten beim Parlament, der das Werk des Kriminalisten Gayot de Pitaval fortgeführt und komplettiert hatte.

Weit schwieriger ist es, den Künstler zu umreißen, denn keiner eignet sich so wenig wie er zu einer präzisen Schematisierung. Man kann nur Einzelzüge, Symptome und Indizien zusammentragen, daraus Schlüsse ziehen und versuchen, dank der psychologischen Momente, die uns seine Werke, seine Briefe, sein intimes Tagebuch und die Berichte jener, die ihn kannten, liefern, in geduldiger Arbeit einen sehr gebrechlichen Bau aufzuführen, der notgedrungen subjektiv bleiben muß und dessen Aspekt je nach dem Punkt, von dem aus man ihn beleuchtet, und je nach dem Winkel, unter dem man ihn betrachtet, variieren wird. Es gibt Gemütsbewegungen, die man nicht aufzeichnet, und Mäander des Geistes, die unbenutzt bleiben. Die Unkenntnis, in der sich im Hinblick auf sie ein Kommentator befindet, bringt natürlich die Gefahr mit sich, daß die Wirklichkeitstreue des Porträts in seiner Gesamtheit leidet. Manchmal kommt es vor, daß Hoffmann sich tückisch entwindet, wenn man ihn just erfaßt zu haben meint, aber auch, daß das, was man blitzhaft erahnt hat, sich doch ergänzend zu anderen Feststellungen gesellt, manchen aufschlußreichen Satz komplettiert und Mutmaßungen, die auf einem Wort oder einem Charakterzug basieren, bestätigt.

Etwas ist völlig unleugbar und jeder Kommentator Hoffmanns ist davon frappiert gewesen: seine doppelte Natur läßt ihn nicht los, und es liegt nicht nur Dualismus, sondern Divergenz vor. Sohn von Eltern, deren Charaktere gegensätzlich und widersprüchlich waren, hat Hoffmann zwei Lebensweisen, liebt immer zwei Frauen gleichzeitig, stellt sich gern zur Schau und zieht sich doch in sich selbst zurück, ist gutherzig und kaustisch, liebevoll und gleichgültig, ein Kranker und doch von unglaublicher körperlicher Widerstandskraft,

Begegnung mit dem Doppelgänger. Aus «Die Elixiere des Teufels». Illustration von Theodor Hosemann

Bürger und Bohemien, elegant und im Anzug nachlässig, glühend und eisig, voll Phantasie und Rationalist. Wenn er in sich blickt, wo Ordnung und Unordnung in ständigem Kampf miteinander liegen und abwechselnd obsiegen, ist er tief bestürzt, weil er sich bewußt wird, daß seine Persönlichkeit gespalten ist. Aber wenn keiner besser als er selbst über seine Schizophrenie Bescheid weiß, so vermag auch niemand besser als er, sie zu gängeln. Oft allerdings reagiert er sie auf geniale Weise in den Erzählungen ab, die er schreibt. Das Thema des Doppelgängers kehrt unter seiner Feder unaufhörlich wieder, mit der Beharrlichkeit einer fixen Idee, die es für ihn immer und immer wieder auszudrücken gilt. Doch diesem Doppelgänger, diesem verhängnisvollen erdachten Zwilling hat er selbst, zunächst unbewußt, das Leben gegeben, als der Projektion einer durch die preußische Erziehung verdrängten Natur; das ist es wohl, was die schizophrenen Störungen hervorgerufen hat. Während seiner Kindheit hat Hoffmann auf psychischer Ebene vor der Bedrohung seiner Sensibilität ein Phänomen ausgelöst, das mit dem Verdoppelungsreflex zu vergleichen ist, wie er gewissen Organismen im embryonalen Stadium bei Gefahr eigentümlich ist. Notorisch ist auch, daß in gewissen Fällen von halbseitiger Lähmung der Kranke sich ein Doppel erschafft, auf das er sein Leiden projiziert, so daß er sich selbst davon befreit glauben kann. Umgekehrt ist E. T. A. Hoffmanns Doppelgänger eine Projektion, die von der Hypothek seiner Eingeschlossenheit «ins Kristall» frei ist. Der Doppelgänger ist nicht im Kristall, und nichts hindert, daß er mit der Umgebung Gemeinschaft pflegt. Doch diese herrliche und schreckliche Freiheit erstreckt sich auch aufs Ethische, und der autonom gewordene Doppelgänger hat die Freiheit, ein Verbrecher zu werden. Darum ist der Doppelgänger, wie er in Hoffmanns Werken auftritt, keineswegs die Replik des «Ich», sondern dessen Widersacher. Er weiß, was dem Ich verborgen bleibt, er vollbringt Untaten und Verbrechen, die das Ich büßen muß, er verwirklicht die Sehnsüchte und Gedanken, die im Ich nur larvenhaft schlummern. Gewiß, das Doppelgänger-Phänomen zeigt sich oft in den verwirrten Zuständen von Rauschgiftsüchtigen und Epileptikern, und völlig ausgeschlossen ist es nicht, daß es in einem epileptoiden Zustand entstanden ist; fest steht jedenfalls, daß es vor der Intoxikation durch Alkohol bereits vorhanden war, und wahrscheinlicher ist, daß es ursprünglich ein Mittel der Selbstverteidigung war, genau wie die Isolierung im Kristall.

Wie auch immer, Hoffmann war der erste, der ein in der Folge häufig wiederaufgenommenes Element in die Literatur eingeführt hat, das wir unter anderem zum Beispiel in «Dr. Jekyll and Mr. Hyde» von Stevenson wiederverwendet finden.

Man könnte eine lange Liste von Doppelgängern aus dem Werk Hoffmanns aufstellen. Manchmal handelt es sich bloß um ein einfaches Phänomen des «natürlichen» Doppelgängers, nämlich zweier äußerlich zum Verwechseln ähnlicher Individuen; die Handlung der Erzählung *Die Doppeltgänger* zum Beispiel beruht auf solch einer äußeren Gleichheit, für die der Autor eine gleichzeitig allzu simplistische und an den Haaren herbeigezogene körperliche Erklärung zu geben versucht, ein altes, abgenutztes Klischee, das Plautus schon bei Menander entlehnt hat. Doch manchmal kommen auch unendlich subtilere Elemente ins Spiel und werden nicht logisch erklärt. Hoffmann

Selbstbildnis.
Radierung nach einer Zeichnung Hoffmanns

ist wirklich nur er selbst und wird genial, wo er es unterläßt, Erklärungen mitzuliefern. In *Die Elixiere des Teufels* etwa sind Medardus
und Viktorin nicht einfach nur durch das Blut, sondern auch durch
ein metaphysisches Prinzip miteinander verknüpft. Außerdem sieht
sich der im Kerker eingeschlossene, erbarmungswürdige Medardus
seinem «anderen» Doppelgänger gegenüber, hört sein sardonisches
Lachen, seine meckernde Stimme und ahnt, daß die Verbrechen, die
man ihm selbst zur Last legt, von jenem begangen worden sind. Als
es ihm endlich gelingt, in den Wald zu entkommen, holt das Ge-

*Jean-Jacques Rousseau.
Zeitgenössischer Stich*

spenst ihn ein, springt ihm auf den Rücken, hängt sich mit Wahnsinnsgelächter an ihn; von Entsetzen gepeitscht, unternimmt Medardus einen phantastischen Lauf durch die Wälder und wirft sich vergeblich gegen die Bäume und Felsen, um sich von der fürchterlichen Bürde zu befreien, die ihn zu erwürgen droht.

Es kommt vor, daß die Doppelgänger sich noch einmal verdoppeln, oder sich derart vermehren, daß den Leser ein Unbehagen befällt, wie man es verspürt, wenn man zwischen zwei sich gegenüberstehende Spiegel tritt. Hoffmann vermag das Leitmotiv des Doppelgängers ins Unendliche zu variieren, von *Signor Formica*, der dank einem ganzen Apparat von Verkleidungen und theatralischen Machenschaften mit Salvator Rosa zusammen nur ein Einziger ist, bis zu *Meister Floh*, in dem die doppelte Natur eines einzigen Wesens sich in der Gestalt von zwei verschiedenen Personen manifestiert. Sofern es sich nicht um die Spaltung in drei Personen handelt, von denen jede doch ein Ganzes bleibt, wie in dem Fall von Aline, Dörtje Elverdink und der Prinzessin Gamaheh. Hier hat Hoffmann meisterhaft auszudrükken und zu suggerieren verstanden, daß es sich nicht um zeitlich sich folgende Verwandlungen, sondern um simultane Manifestationen handelt; und darauf beruht gerade das Rätsel, das der bis ins tiefste Innere verstörte Leser wahrnimmt. Wo sind die anderen Doppelgänger, was tun sie, wenn sie nicht gerade vor dem Leser agieren? So ist auch das Leitmotiv des Spiegels, des Spiegelbildes oder seines Fehlens nur eine subtile Variation des Doppelgängermotivs. Die Hoffmannschen Spiegel, die abwechselnd ein holdes Antlitz oder eine schreckliche Fratze wiedergeben, sind manchmal auch von jeglicher Wiedergabe verwaist: das Spiegelbild, das heißt der Doppelgänger, erweist seine Autonomie, indem er abwesend ist, und diese Abwesenheit ist in höchstem Maß verdächtig, beängstigend und kann unvorhergesehene Folgen haben.

Das Thema des Doppelgängers betrifft nicht nur den Privatmann, sondern erstreckt sich auch auf die soziale Ebene: denn fast alle Gestalten Hoffmanns verfügen über einen Personenstand, einen Beruf, ein Herkunftsland, mögen sie auch Funktionen als Salamander, Vampir, Zauberer usw. gleichzeitig üben. Genau wie ihr Schöpfer leben sie auf zwei verschiedenen Ebenen. So ist die junge Gräfin eine Ghule, der Brillenhändler ein Magier und die Stiftsdame eine Fee. Ereignisse, die in Famagusta oder in Atlantis vorfallen, finden ihren Abschluß in Frankfurt oder in Dresden. Auch die Tiere haben teil an einer doppelten Natur, wie der Hund Berganza, dessen Gestalt Hoffmann den «Exemplarischen Novellen» von Cervantes entlehnt hat, und der auf Grund der Verzauberung, der er zum Opfer gefallen ist, häufig den Wunsch verspürt, Anchovissalat zu fressen, Champagner zu trinken und auf zwei Beinen zu gehen. Berganza hat nicht nur ein menschliches oder «androides» Doppel, er hat auch sein Hunde-Doppel und erzählt, wie er, während des Zaubers der Hexen auf dem Boden liegend, neben sich einen anderen Berganza sah, der ihn aufforderte, zu fliehen und den magischen Kreis zu durchbrechen. Auch Kater Murr bleibt vom Dualismus nicht verschont; er besitzt alle Eigenschaften seiner Tiergattung, aber er kann auch lesen, schreiben und Gedichte machen und versteht die Menschensprache in ihren feinsten Nuancen.

Weit braucht Hoffmann das Leitmotiv des Doppels und alle die arithmetischen oder geometrischen Progressionen, die daraus entspringen können, nicht zu suchen. Er braucht nur einen Blick in sein Inneres zu werfen, um den «anderen» und all das, was sein zunächst unbewußt als Quell der Erleichterung empfundenes Vorhandensein tatsächlich an düsteren Drohungen mit sich bringt, wahrzunehmen. Vielleicht hofft er, sie beschwören zu können, indem er sie in den starren Bann des weißen Blattes und der Tinte fesselt. Schreiben müßte er, doch das Leben in Plock eignet sich kaum dazu, sofern er sich nach dem Arbeitstag noch der Musik widmen will. Musik zuerst. Und während der Mußestunden, die der Dienst ihm läßt, komponiert Hoffmann *Faustina* und *Der Renegat*. Den Dienst übrigens erfüllt er mit einem Eifer, der, obzwar bar innerer Überzeugung, ihm doch Lob für «vorzüglich gründliche Arbeiten» und «anständigen stillen Lebenswandel» einträgt.

Immer widmet er der Lektüre viele Stunden, er begeistert sich für «Les Confessions» von Rousseau: *Ich lese Rousseaus «Bekenntnisse» vielleicht zum dreißigsten Mal – ich finde mich ihm in manchem ähnlich – Auch mir verwirren sich die Gedanken wenn es darauf ankommt, Gefühle in Worte zu fassen! – ich bin sonderbar bewegt!* (Tagebuch, 13. Februar 1804.) Es bezieht sich übrigens auf seine zufällige Begegnung mit der jungen Malchen Hatt, der Tochter seiner einstigen Innamorata. Das junge Mädchen zu sehen, erfüllt ihn mit Melancholie und erschüttert ihn tief; während die anderen Anwesenden sich lärmend über die ärgsten Albernheiten unterhalten und ein tauber Onkel mit burlesker Pedanterie die Peripetien eines Begräbnisses schildert, erfährt Hoffmann, eben aus dem Mund jenes Malchens, daß Cora tot ist. Er möchte seine Empfindungen äußern, kann aber nur eine banale Beileidsformel murmeln.

Der «anständige und stille Lebenswandel» schließt nicht aus, daß er viel Bischof und Punsch konsumiert: Hoffmann trinkt bis zur Halluzination. *Alle Nerven excitiert von dem gewürzten Wein – Anwandlung von Todes-Ahndungen – Doppelt-Gänger*, schreibt er in sein Tagebuch unter dem 6. Januar 1804.

Bald kommen zu den Geldverlegenheiten auch noch Familiensorgen. Mischas Schwager Gottwald, Rat am Gericht in Posen, für den Hoffmann warme Freundschaft empfindet, wird der Unterschlagung bezichtigt und sieht sich gezwungen, zu fliehen, um einer Verhaftung zu entgehen. Hoffmann glaubt, eine jener schwarzen Machenschaften zu erkennen, die die Bürger in Posen so trefflich einzufädeln verstehen, und als Mischa ihm vorschlägt, die kleine Michalina, Gottwalds Töchterchen, ins Haus zu nehmen, geht er ohne zu zögern darauf ein. Es bedeutet, daß man weniger Holz in den Ofen stecken und weniger Schmalz aufs Schwarzbrot streichen wird. Hoffmann weiß es, doch Gottwald ist ein Freund.

Die Unterstützungen durch die Dörffers erweisen sich immer mehr als ungenügend. Die Bittbriefe scheinen am granitenen Schädel des *dicken Sir* zu zerstäuben. Hoffmann dreht alle Taschen um und unternimmt eine Reise nach Königsberg. Doch seine mündliche Beredsamkeit hat beim Onkel Otto nicht mehr Erfolg als seine briefliche Überzeugungskraft, denn dieser ist noch dümmer und unzugänglicher geworden als früher, und der junge Mensch muß niedergeschlagen und angeekelt die Rückreise antreten. Durchgefroren in der Diligence, die ihn rumpelnd durch die öde Landschaft des winterlichen Ostpreußens fährt, sehnt er sich mehr als jemals nach der Nähe eines Freundes, und seine einzige Freude ist der Gedanke, Hippel wiederzusehen. Denn er braucht nur einen kleinen Umweg zu machen, um ihn in Leistenau zu besuchen.

Hippel hat eine große Erbschaft gemacht, ist geadelt worden und teilt seine Zeit zwischen den Pflichten, die eine vielversprechende Karriere mit sich bringt, und seinem großen Rittergut Leistenau, wo er mit seiner jungen Frau wohnt. Hippel ist «arriviert». Seine blonden Locken umrahmen hübsch sein rosiges, gut rasiertes Gesicht; er beginnt Bauch anzusetzen, als Zeichen des Wohlstandes. Es ist kaum

Theodor Gottlieb von Hippel. Stich von Fr. Bolt, 1802

nötig, viel Worte zu machen; der von der Bürste abgewetzte Mantel und die geflickten Stiefel plaudern allzu deutlich aus, was Hoffmann selbst zu sagen zu stolz ist. Hippel versteht, daß die Situation noch verzweifelter ist, als er sich vorgestellt hat, und mit dem ihm eigenen Feingefühl gelingt es ihm, den Freund zur Annahme eines beträchtlichen Darlehens zu bewegen. Er hat sich bereits dafür verwandt, daß die Strafversetzung nach Plock ihr Ende findet, und ist jetzt entschlossen, seinen ganzen Einfluß spielen zu lassen und alles ins Werk zu setzen, um Ernst aus der Ödnis zu befreien.

Seine Bemühungen sind mit Erfolg gekrönt, und einige Wochen nach seiner Rückkehr nach Plock erhält Hoffmann seine Ernennung

Warschau. Stich, 18. Jahrhundert

zum Regierungsrat. In Warschau wird Hoffmann von nun an ein
entsprechendes Gehalt empfangen und kann sich eine Wohnung auf
der Senatorska mieten, einer eleganten, von schönen Bäumen be-
schatteten Straße im Miedzeszyn-Viertel auf dem rechten Weichsel-
ufer.

EIN «MUSICIEN ENRAGÉ»

1804 heißt Warschau die «Hauptstadt von Süd-Ostpreußen». Denn
eine polnische Hauptstadt gibt es nicht mehr, seit das unglückliche
Land zwischen Österreich, Preußen und Rußland geteilt worden ist.
Vor ihrem Tode hat die Kaiserin Katharina ihren Nachfolger ins Bild

gesetzt, und als im Jahr darauf (1797) der Zar Paul den Teilungs-
vertrag unterzeichnet, bestimmt eine Geheimklausel, daß die drei
Mächte den Kuchen auf eine Art und Weise sich einverleiben sollen,
die nichts mehr übrigläßt, was an das Königreich Polen erinnern
könnte.

Doch trotz aller gegenteiligen Anstrengungen bleibt Warschau
eine polnische Stadt. Auf polnisch singen die Bettler, die vor den alten Häuschen der Waski Dunjaj hocken, ihre Klagelieder. Die Ade-
ligen mit Muffs und Fischotterpelz unterhalten sich polnisch. In der
kleinen Rokokokirche in der Krolewska beten die Visitandinerinnen
auf polnisch vor den vom Weihrauch der Jahrhunderte geschwärzten
Marien. Die jüdischen Kinder, die im Labyrinth der Gäßchen Verstecken spielen, rufen sich mal jiddisch, mal polnisch zu. Niemals

wird es der brutalen Gewalt, deren Opfer Polen noch öfter sein wird, niemals wird es der Unterdrückung durch den Eroberer gelingen, diese geschmeidige und singende Sprache auszumerzen oder das leidenschaftliche, zorngemute und sensible Volk kleinzukriegen.

Hoffmann ist einerseits über die pittoreske Stadt entzückt und andererseits von der Betriebsamkeit, die hier herrscht, befremdet. Er beklagt sich ein wenig, doch man spürt, daß er sich auch verführen läßt. Verführen durch die Anmut der Säulen und die Melancholie der Wasserspiegel im Lazienki-Park, wo er gern spazierengeht, von den barocken Wilanow-Türmen, die wie Pagoden von Kranzgesimsen starren, von den durch soviel Schnee gebleichten Palais, von den Häusern mit geschwungenen Giebeln, an denen auf dem Platz des Alten Marktes eiserne Laternen knarren, und von der schlaffen Wärme der Kneipen, in denen er aus dicken Gläsern den «Crambambuli» schlürft. *Eine bunte Welt! – zu geräuschvoll – zu toll – zu wild – alles durcheinander*, schreibt er im Mai 1804 an Hippel, in einem Brief, worin er über das Gebimmel der Glocken, den Gesang der Mönche, die «Janitscharen-Musik», das Gezänk der Schifferknechte von der Weichsel und der Hökerinnen vom Markt klagt, ein Lärm, der ihn, als er sich gerade zum Komponieren ans Klavier setzen will, *bald in die Lage von Hogarths Musicien enragé versetzen*. Es hindert ihn aber nicht, die Musik zu *Die lustigen Musikanten* nach einem Text von Clemens Brentano zu komponieren.

Im Juni 1804 tritt ein neuer Assessor an dem Gericht, an dem Hoffmann beschäftigt ist, seinen Dienst an. Vier Jahre jünger ist er und heißt Julius Eduard Itzig. Später wird er mit der Emanzipation der Juden die Schreibweise seines Namens in Hitzig ändern.

Hitzig ist dazu berufen, im Leben Hoffmanns eine wichtige Rolle zu spielen. Er wird sein erster Biograph sein, ein Freund, dessen Ergebenheit niemals nachlassen wird, und schließlich sein literarischer Berater, dessen Bibliothek den Horizont des Dichters erweitern wird. Hoffmann hat in Aquarellfarben ein Doppelporträt von Hitzig und seiner jungen Frau gemalt: trotz des Embonpoint verraten beide Profile Feinheit und Güte. Hitzig macht Hoffmann mit Tieck, Novalis, Brentano, den beiden Schlegel, Wackenroder und noch anderen Vertretern der damaligen Literatur bekannt. Er gibt ihm Calderón de la Barca in der Übersetzung von A. W. von Schlegel zu lesen, und Hoffmann ist davon so stark gefesselt, daß er einige Monate später das Libretto und die Musik zu *Die Schärpe und die Blumen* niederschreibt; er macht eine Oper mit dem Titel *Liebe und Eifersucht* daraus.

1805 wird Hoffmann zum Mitbegründer einer musikalischen Gesellschaft, deren Aufgabe es sein soll, Konzerte und Vorträge zu organisieren, und die auch die Einrichtung einer Gesangsakademie be-

Julius Eduard Itzig (Hitzig) und Frau Eugenie, geb. Bartenstein.
Aquarell von Hoffmann, 7. September 1807

treibt. Er übernimmt gleichzeitig die Ämter des Vizepräsidenten, des Bibliothekars und des Sekretärs.

Wenn der strenge, unnachsichtige und unbestechliche Beamte heimkommt, setzt er sich ans Klavier und komponiert eine musikalische Komödie *Die ungebetenen Gäste oder der Kanonikus von Mailand;* sie ist leider nicht auf uns gekommen. Er schreibt die Musik zu «Das Kreuz an der Ostsee» von Zacharias Werner, dem er in Warschau wieder begegnet ist. Hoffmann, der von der Bedeutung des Stückes eine genügend hohe Meinung hat, um es in den *Serapions-Brüdern* zu analysieren, stellt fest, daß es viele geniale Züge enthalte, daß der erste Akt jedoch *unerträglich* und das Ganze *zu kolossal* geraten sei. Für das «Kolossale» hat er nie viel übrig gehabt und er gesteht seinen Verdruß: *Weil ich nie ohne Mißbehagen daran denke.* (Brief an Hippel vom 26. Juli 1805.)

Im gleichen Brief meldet Hoffmann übrigens nebenbei auch, daß

Zacharias Werner.
Radierung von J. B. Son-
derland nach einer Zeich-
nung Hoffmanns

seine Frau ihm ein kleines Mädchen, Cäzilia, geschenkt hat. Er freut
sich darüber nur mäßig.

In Warschau vervollständigt er seine Kenntnis des klassischen Ita-
lienisch und studiert darüber hinaus auch den venezianischen, neapo-
litanischen und sizilianischen Dialekt. Diese Studien befeuern noch
seine Sehnsucht nach Italien. Er arbeitet Reisepläne aus, fordert Hippel auf, ihn zu begleiten, und schreibt ihm am 6. März 1806: *Wann
reisen wir ab? wo treffen wir zusammen? – Du bist in Berlin von
Deiner Familie umgeben gewesen, ich habe keine – Du sollst für den
Staat leben und steigen, m i c h fesselt eine elende Mediokrität, in
der ich sterben und verderben kann.* Und Hoffmann trägt in sein
Tagebuch ein: *Das Alltagsleben ekelt mir mit jedem Tag mehr an!*

Anfang 1806 unterbricht eine anregende Neuigkeit die Monotonie
der Tage. Die Musikalische Gesellschaft erwirbt das alte Palais Mniszchów, um darin ihren Sitz aufzuschlagen und einen Konzertsaal ein-
zurichten. Es ist ein heruntergekommenes, leer stehendes Palais mit
starren Marmorfiguren und Gittern, an denen das Gold abblättert.
Moder hat die Fresken zerstört und in diesem nur von Schatten be-
wohnten Bau die Vergoldungen stumpf gemacht. Die Parketts knarren unter dem Galopp der Ratten, die Türen schlagen im Luftzug,
Feuchtigkeit hat wuchernde Farne auf die Spiegel gezeichnet. Alles

muß erneuert werden, und Hoffmann ist Feuer und Flamme. Er improvisiert Pläne, läßt Wände ausbrechen und neu ziehen, läßt Türen erweitern. Er studiert die Kostenvoranschläge der Unternehmer und bedeckt Papierrollen mit seinen Skizzen. Er ist Improvisator, Dekorateur, Architekt und versteht sogar, al fresco zu malen. Nach seinen Entwürfen werden mehrere Säle des Palais Mniszchów ausgemalt. Während die Maurer und Glaser am Werken sind, läuft Hoffmann wie ein Kobold an den Gerüsten entlang, streicht und korrigiert seine Zeichnungen, macht sich in ein Merkbuch Notizen, weist an, mißt aus und gestikuliert unermüdlich in seinem farbbeklecksten Kittel. Er braucht nicht länger als ein paar Wochen, um seine seltsamen Fresken mit den merkwürdig dichten und heftigen Schatten zu planen, zu entwerfen und auszuführen. Leider wurden sie schon bei einem Umbau 1824, zwei Jahre nach Hoffmanns Tod, zerstört.

Das Eröffnungskonzert wird auf den 3. August 1806 festgesetzt, und bei dieser Gelegenheit führt Hoffmann zum erstenmal den Dirigentenstab.

Diese Mannigfaltigkeit der Talente, diese wunderbare Fruchtbarkeit des schöpferischen Genius wäre schon an sich erstaunlich, aber sie wird es noch mehr, wenn man sich erinnert, daß der, der sie besitzt, ein schmächtiger, anfälliger, leberkranker Mann ist, der an häufigem Nasenbluten leidet und von Fieberschauern geschüttelt wird, dem der Brechreiz den Magen umstülpt wie einen Handschuh und dem der Husten die Bronchien bis zum Bluten schält. Dieser elende Leib gehorcht dem Geist wie ein willenloser Sklave einem anspruchsvollen Herrn. Hoffmann schont seinen Körper nie, weder beim Vergnügen noch bei der Arbeit und am allerwenigsten beim künstlerischen Schaffen. Die Schaffensfreude ist für ihn die höchste Freude, die Erfüllung all seiner Wünsche, Ziel seines ganzen Strebens. Seinen Arbeiten gegenüber äußerst kritisch, verliert er sich nie in die Euphorie, doch der von sich selbst Geschiedene findet in der Anstrengung eine Art kosmischer Fülle, originaler Integrität, eine dunkle und umfassende Wollust, wie die Pflanze, die sich zum Licht hinaufrankt. In der schöpferischen Bemühung ist er nicht mehr allein und nicht mehr doppelt, sondern zusammengerafft zu einer dynamischen Einheit, die einer Nuance, einem Ton nachspürt, und die, wenn sie sie gefunden hat, daraus einen Zuwachs an Energie schöpft, um die Vollendung durch das Entdecken einer weiteren Nuance, eines weiteren Tons, einer neuen Linie zu erreichen.

In Warschau nehmen Unruhen und Nervosität immer stärker zu, und das näherkommende Grollen ist nicht das eines himmlischen Gewitters. Schwer lastet der Krieg, und jeder verspürt seine Drohung. Am 28. November 1806, einige Wochen nach der Schlacht bei Jena,

Drei jüngere Räte der Warschauer Regierung. Aquarell von Hoffmann, 1804

ziehen die Truppen Napoleons in Warschau ein, und die preußische Verwaltung wird aufgelöst. Für die Beamten bedeutet es die fristlose Entlassung auf unbestimmte Zeit. Nach Hitzig hat die Schlacht bei Jena auf Hoffmann wenig oder gar keinen Eindruck gemacht, doch er schildert ihn, wie er dank seiner äußerst kleinen Gestalt und seiner ständigen Zappelei sich immer in die erste Reihe drängeln konnte, wenn die Menge einmal irgend etwas bestaunte. Obwohl der Einzug ihn ebensoviel angeht wie jeden anderen Bewohner Warschaus und namentlich die preußischen Untertanen, bleibt er doch vor allem bloßer Zuschauer. Zuschauer par excellence.

Hitzig und seine junge Frau gehen nach Berlin, wo sie auf gut Glück eine Buchhandlung eröffnen. Hoffmann sieht sich gezwungen, die Wohnung in der Senatorska aufgeben, da sie von den Franzosen requiriert wird, und zieht mit seiner Familie in die Mansarden des Palais Mniszchów. Zum Glück kann die Musikalische Gesellschaft weiterhin tätig sein, was sie übrigens zum großen Teil dem Eifer ihres Vizepräsidenten verdankt. Konzerte und Vorträge folgen einander in den weiten, eisigen Sälen des Palais; Hoffmann kompo-

niert eine Symphonie, verwaltet, improvisiert, knüpft immer noch
kurze Liebschaften mit den hübschen Elevinnen der Gesangsakademie
an. In der besetzten Stadt wächst die Not, und der schreckliche polnische Winter wird unerträglich, weil man nicht mehr richtig heizen
kann. Im Januar 1807 fährt Mischa zu ihrer Mutter nach Posen und
nimmt die beiden kleinen Mädchen mit.

Hoffmann unterhält eine sehr rege Korrespondenz mit Hitzig,
schildert ihm die Schwierigkeiten seiner Lage und fragt ihn um Rat:
Soll er sein Glück in Berlin versuchen oder lieber in Wien? Gibt
es keine Möglichkeit, sich in Berlin eine neue Existenz aufzubauen,
indem er Zeichnungen und Aquarelle verkauft? Wie sind dort die
Lebenskosten? Hitzig steht ihm mit Ratschlägen bei; es ist allerdings
auch die einzige Hilfe, die er zu leisten vermag, da seine eigene Lage
alles andere als glänzend ist. Ein ehemaliger Kollege Hoffmanns beim
Warschauer Gericht ist so großzügig, ihm die Bezahlung aller seiner
Schulden zu ermöglichen. Im Frühjahr 1807 entwirft Hoffmann, der
von Nervenfieber-Anfällen gequält wird, einen Katalog der polnischen Uniformen, wozu er selbst die Titelgravüre ausführt; es soll
etwas einbringen, doch erst zwei Jahre später findet er einen Verleger
für das kleine Werk (Peter Hammer, Amsterdam und Köln).

Not und Krankheit haben den jungen Menschen in seinem ein-
unddreißigsten Jahr schon vorzeitig altern lassen, und schwere Prüfungen warten noch auf ihn. Anfang Juni verlangt die Besatzungs-
macht von allen ehemaligen preußischen Beamten, daß sie einen
Ergebenheitsschwur unterzeichnen oder Warschau binnen einer Wo-
che verlassen. Hoffmann verweigert die Unterschrift und muß für
immer die Stadt verlassen, in die er zwei Jahre zuvor begeistert und
freudig gekommen war.

Endlich hat er die Summe für eine Reise nach Berlin zusammen,
denn der Paß nach Wien ist abgelehnt worden. Als er in die Diligence steigt, führt er als ganzes Hab und Gut nur eine kleine Tasche
mit ein wenig Wäsche, Zeichnungen und Partituren bei sich. Bei
seiner Ankunft bezieht er eine elende Zwei-Zimmer-Wohnung im
zweiten Stock des Hauses Nr. 179 in der Friedrichstraße.

Wovon spricht man auf den Terrassen der Berliner Cafés in die-
sem Sommer 1807? Vom Krieg natürlich und von der Kontinental-
sperre, die die Gäste zwingt, Kaffee aus gerösteten Rüben zu trinken.
Stimmt es, daß die deutschen Fürsten sich mit Napoleon zum Kampf
gegen Preußen und Österreich verbünden werden? Und Goethes
Heirat mit seiner Geliebten? Die Entdeckung des Morphiums, der
Tod des jüngeren Pitt und seines Gegners Fox, Palms Pamphlet, der
Selbstmord der Günderode, die neue Mode der kurzen Röcke, die die
Füße sehen lassen, das neueste Buch von Fichte.

Hitzig mobilisiert alle seine Verwandten und Freunde zugunsten Hoffmanns; eine seiner Cousinen ist behilflich beim Verkauf seiner Zeichnungen, eine seiner Tanten, Frau Levy, lanciert Hoffmann in der Gesellschaft. In ihrem Salon, *wo viele Leute Tee mit Rum tranken und vernünftige Gespräche führten*, trifft Hoffmann interessante Menschen, auch solche, die ihm nützlich sein könnten, zum Beispiel den Berliner Operndirektor. Doch der Teufel hat zweifellos seine Hand im Spiel, denn weder der Tante Beredsamkeit noch ihr Tee mit Rum vermögen die Direktoren, Verleger und eventuellen Mäzene zu erweichen. Trotz der ständigen Schritte und Empfehlungen, deren Gegenstand Hoffmann ist, will nichts klappen. Seine letzten Hoffnungen brechen zusammen. Der Musikverlag Peters in Leipzig lehnt nicht nur die Veröffentlichung seiner Werke ab, sondern der Verlagsdirektor Kühnel hat dazu auch noch die Unverschämtheit, ihm eine Tätigkeit als Commis bei monatlich 14 Thalern und zehnstündigem Arbeitstag vorzuschlagen. Hoffmann hat genug Charakter und Würde, um das Angebot in einem langen Brief voll sarkastischer Höflichkeit zurückzuweisen. Die Versuche, Porträtaufträge zu erhalten, scheitern, und um das Unglück vollzumachen, zeigt es sich, daß der *Kanonikus von Mailand*, auf den Hoffmann große Erwartungen gesetzt hat, nicht zu verwerten ist, weil das Berliner Theater, für welches das Werk gedacht war, gerade eben in sein Programm das Stück eines anderen Komponisten über ein analoges Thema aufgenommen hat. Schließlich sind auch die Nachrichten, die aus Posen kommen, ganz und gar nicht freundlich: die kleine Cäzilia ist gestorben und Mischa liegt selbst auf den Tod darnieder.

Hoffmann hat noch einen Rest an Mut und denkt, rasch etwas Verkäufliches zu komponieren. Er hat kein Klavier, doch Hitzig stellt ihm das seine zur Verfügung und bietet ihm Gastfreundschaft an für die ganze Zeit, die für die Komposition nötig ist. So sind seine Freunde immer zu Hilfe und Trost für ihn bereit, und wenn sein Briefwechsel mit Hippel spärlicher geworden ist, muß man den Hauptgrund dazu in Hoffmanns Stolz suchen, denn es ist ihm peinlich, den traurigen Zustand, in dem er sich befindet, schildern zu müssen.

Häufig wird er in Berlin in die literarischen Salons eingeladen. Leider hat der glänzendste unter ihnen, nämlich die bescheidene Mansarde in der Jägerstraße, wo Rahel Levin alle Geistesfürsten empfing, kurz nach Hoffmanns Eintreffen in Berlin seine Pforten geschlossen. Erst sehr viel später, im Jahre 1819, wird Rahel, dann mit Varnhagen von Ense verheiratet, ihren zweiten literarischen Salon eröffnen, und Hoffmann wird zu seinen eifrigen Besuchern zählen. Immerhin macht er schon Bekanntschaft mit Johann Gottlieb Winser, Schleiermacher, Fichte, Karl August Varnhagen von Ense,

Adalbert von Chamisso. Der letztere wird einer der ersten sein, die Hoffmanns Genie erkennen, und eine fruchtbare geistige Verwandtschaft wird sich zwischen ihnen entwickeln. In diesen Salons findet er das geistige Klima, das ihm behagt, er genießt hier das völlige Fehlen bürgerlicher Vorurteile, die gute Wärme der monumentalen Öfen, und nicht zu vergessen, die Köstlichkeiten des Tees mit Rum. In seine erbärmliche Bleibe zurückgekommen, widmet er sich dem Studium der alten italienischen Vokalmusik. Immer wieder liest er die Dichtungen von Novalis; er ist ganz und gar von ihnen erfüllt. Und er lernt auch, ein Ungeheuer zu zähmen: den Hunger.

Manchmal besucht er seine Geliebte: er hat eine lebhafte Leidenschaft für die Frau eines höheren Beamten, und da dieser sich damals in Ostpreußen befindet, läßt die Sache sich um so leichter an. Diese Frau, die älter als Hoffmann ist, gibt ihm etwas wie mütterliche Wärme, einen Hafen des Friedens und Verständnisses. Leider ist fast sicher, daß sie zu diesen Gaben auch noch das Geschenk der Syphilis

Die Schlacht bei Jena am 14. Oktober 1806.
Stich von Antonio Verico nach Valpini

Im Berliner Café «Kranzler». Zeichnung von Theodor Hosemann

fügt. Denn es ist bekannt, daß ihr Mann davon befallen war, und sehr vieles spricht dafür, daß Hoffmann sich bei ihr angesteckt hat, wenn man bedenkt, daß er bei seinem Tod an einer Rückenmarkserkrankung und an einseitiger Lähmung litt. Außerdem hat er schon lange vor seinem Tod über ein Drüsengeschwulst an der Leiste geklagt. Wenn es auch nicht absolut sicher ist, so scheint all dies doch anzuzeigen, daß er Lues hatte.

Was dagegen die Legende betrifft, Hoffmann habe mit seiner damaligen Geliebten ein hervorragend musikalisch begabtes Kind gehabt, das verwahrlost vor den Türen der Konzertsäle gelungert und in einem Anfall ophelischen Wahnsinns sich auf rätselhafte Weise ertränkt habe, so ist sie allenfalls dazu gut, auf der Literaturseite von Frauenzeitschriften zu prangen; alle in dieser Richtung unternommenen Forschungen strafen sie Lügen, wäre es nur aus Gründen der Datierung.

Als sicher kann man aber annehmen, daß Hoffmann mehr als einen Zug der fraglichen Dame entlehnt, wenn er in *Kater Murr* die Rätin Benzon beschreibt: *Mitte der dreißiger Jahre, sonst eine gebietende Schönheit, noch jetzt nicht ohne Liebreiz... Der Rätin heller durchdringender Verstand, ihr lebhafter Geist, ihre Weltklugheit, vorzüglich aber eine gewisse Kälte des Charakters, die dem Talent zu herrschen unerläßlich.*

Hoffmann erkennt alsbald, daß es in Berlin wenig Chancen gibt, sich eine Situation zu schaffen, die genug zum Leben abwirft. Wiederum hegt er den Wunsch, nach Wien zu gehen. Er träumt davon wahrscheinlich auf seinen nächtlichen Spaziergängen, wenn er von einer Abendgesellschaft kommt und sich mit seinem ruckweisen hüpfenden Schritt in der schlafenden Stadt ergeht. Der Schnee dämpft den Klang der Turmuhren, die einander antworten, die Botschaften am Pariser Platz stehen bleich und verschwimmend in der Helligkeit, die vom Boden aufsteigt, die Allee Unter den Linden dehnt ihre Perspektive, bis wo sie sich im dunklen Dunst verliert. Wenn Hoffmann

Berlin: Unter den Linden, um 1810

unter einer Laterne vorbeikommt, entfaltet sich, unter dem geschweiften Zylinderhut gestikulierend, sein Doppel mit der breiten Bewegung eines Fächers, ehe die Finsternis es verschluckt. Mehr als je fühlt er sich im Kristall gefangen, von der Welt der Lebenden isoliert, eingezwängt in einen mitleidlosen glitzernden Kerker. Im Vorübergehen wirft er einen flüchtigen Blick nach dem nicht geheueren, rätselhaften «Öden Haus», einem wahren Lemurenhorst. Zu jener Zeit steht es als Nr. 9 Unter den Linden, gegen jede Wahrscheinlichkeit verschachtelt zwischen den luxuriösen Fassaden der Gebäude. In der Großstadt im Winterkleid gehen nachts Gespenster um.

Alles scheint darauf hinzudeuten, daß sich manchmal in Hoffmann ein seltsames Phänomen begibt, abwechselnd mit den heftigsten Krisen jenes Gefühls der Verdoppelung: eine momentane Kondensation der Persönlichkeit, eine Gegen-Reaktion nach der Begegnung mit dem Doppelgänger, und sie manifestiert sich geradezu in einer Art Kristallisation des Ichs, in einer absoluten und göttlichen Empfindung der Einheit des im Nichts isolierten Wesens, das losgelöst von jeder Schwere und unabhängig von jeder Dauer ist. Diese Augenblicke sind selten und köstlich; das Nagen einer Maus oder das Krachen in der Täfelung genügen, daß sie sich verflüchtigen.

SCHATTEN, LICHTER UND KULISSEN

Hoffmann nimmt brieflich Verbindung mit zahlreichen Verlegern auf, und einer von ihnen, Johann Friedrich Rochlitz, der Leiter der «Allgemeinen Musikalischen Zeitung» in Leipzig, hat versprochen, ihn «später einmal» mit Musikkritiken zu betrauen – «später einmal». Hoffmann hat eine lange Anzeige in dem «Allgemeinen Reichs-Anzeiger» veröffentlicht, eine Art Stellengesuch, worin er seine verschiedenen Kenntnisse und Fähigkeiten aufführt: Sprachen, Theater-Kostüme und -Dekors, Regie, musikalische Komposition, praktisches Organisationstalent usw. Er wünscht sich die Leitung eines Theaters oder Orchesters. Es handelt sich um seine allerletzte Hoffnung, und er berichtet darüber an Hippel, mit dem er wieder häufiger Briefe wechselt. In diesen Schreiben vom Frühjahr 1808 gibt es erschütternde Stellen, etwa folgende:

Alles schlägt mir hier fehl, weder aus Bamberg, noch aus Zürich, noch aus Posen erhalte ich einen Pfennig; ich arbeite mich müde und matt, setze fort die Gesundheit zu und erwerbe nichts. Ich mag Dir meine Not nicht schildern; sie hat den höchsten Punkt erreicht. Seit fünf Tagen habe ich nichts gegessen als Brot. – So war es noch nie!

Zacharias Werner. Bleistiftzeichnung von Hoffmann, 1808

Jetzt sitze ich von Morgen bis in die Nacht und zeichne an Szenen für Werner's Attila, der in der Realbuchhandlung verlegt wird. Noch ist es nicht gewiß, ob ich alle Kupfer zu zeichnen erhalte, gelingt mir dies, so verdiene ich etwa 4 bis 5 Friedrichsd'or, die dann auf Miete und kleine Schulden aufgehen. Ist es Dir möglich mir zu helfen, so schicke mir etwa 20 Friedrichsd'or, sonst weiß ich bei Gott nicht, was aus mir werden soll. Übrigens ist mein Contrakt mit dem Bamberger Theater-Direktor jetzt abgeschlossen, und vom 1. September geht mein Officium an; so daß ich im August schon abreisen muß. Mein einziger Wunsch wäre es, mich jetzt schon von Berlin loszureißen und nach Bamberg zu gehen. Hierzu würde aber mehreres Geld gehören, da ich auch meine Garderobe zur Reise in Stand setzen muß. – Gelingt es mir nur erst, Geld zu erwerben, so will ich darauf be-

Bamberg: Partie am Kanal

dacht sein, wenigstens nach und nach meine große Schuld bei Dir
abzutragen. Wäre es Dir möglich, im Fall Du eine bedeutende Summe reponiert habest, mir noch 200 Thlr. zu borgen? In diesem Falle
wäre ich nicht allein aus aller Not, sondern könnte auch nach Bamberg abgehen. (7. Mai 1808)

Kaum hat er den Brief abgeschickt, als er ihn schon bereut. Sein
Stolz lehnt sich auf. Er schreibt: *Vor wenigen Tagen hatte mich der
Mangel der notwendigsten Bedürfnisse halbwahnsinnig gemacht,
und in diesem Zustande erinnere ich mich Dir geschrieben zu haben!
– Eine gute Mahlzeit und eine ruhige Nacht haben mich jetzt mehr
zu mir selbst gebracht, indessen um mein Elend desto stärker wieder
zu empfinden.* Und einige Zeilen danach: *Auch aus der Bestellung*

der Zeichnungen für Werner's Attila ist nichts geworden, wovon ich Dir in meinem vorletzten Briefe schrieb. Werner mein Freund!! erklärte nämlich, es sei ihm denn doch lieber, wenn ein gewisser S. die Zeichnungen machte und nicht ich.

Um diese Zeit war Werner sehr gut situiert; er war dem König von Bayern vorgestellt worden, befand sich häufig in Gesellschaft des Herzogs von Gotha, wohnte mitunter bei Goethe und hatte volle Taschen. Und als er durch Berlin kam, bot er Hoffmann einen Theaterplatz an, fragte ihn: «Denken Sie auch ein Bißchen an Gott?» und bat seinen Verleger, die Zeichnungen bei einem anderen in Auftrag zu geben.

Hoffmann setzt sein ganzes Vertrauen in Hippel, und in der Gewißheit, nicht enttäuscht zu werden, bestellt er schon Dinge, die notwendig für ihn sind, damit er nicht Zeit verliert, wenn das Geld eintreffen wird. Es drängt ihn, diese Stadt zu verlassen, wo eine Masse arbeitsloser Künstler vegetiert, die Theater vor dem Bankrott stehen und der Brotpreis täglich steigt.

Julius von Soden hat ihm den Platz als Kapellmeister am Theater von Bamberg angeboten und ihn mit der Komposition einer Oper und eines Melodrams sowie der Abfassung der Libretti dazu beauftragt: *Der Trank der Unsterblichkeit* und *Joseph in Ägypten*. Der Verleger Nägeli in Zürich veröffentlicht drei Klavier-Sonaten, während drei Canzoni, deren Text und Musik von Hoffmann ist, bei Rudolph Werckmeister erscheinen.

Im Juni reist er ab; er hält sich sechs Wochen in Glogau auf, wo die endlich wieder gesund gewordene Mischa zu ihm stoßen soll und wo er im Haus von Johannes Hampe wohnt, dem einzigen seiner Freunde, mit dem er wirklich über Musik sprechen kann; denn Hippel ist nicht musikalisch und Hitzig nur Dilettant.

Wenn die Freunde nicht von der Vergangenheit reden, bei einer Bowle oder einem Punsch, und dabei ihre langen bemalten Porzellanpfeifen rauchen, komponiert Hoffmann wieder. Er beendet seinen Zyklus *La santa virgine*. Ende August beschließt er, Mischa zu holen, entführt sie ihrer Familie und trifft mit ihr am 1. September 1808 in Bamberg ein. Er nimmt im Haus eines gewissen Warmuth Wohnung, eines Trompeters in seinem künftigen Orchester.

Ein neuer Lebensabschnitt beginnt; er sollte von entscheidender Bedeutung werden. Hier in Bamberg erlebt er die Entstehung einer heftigen Leidenschaft und den Beginn seiner eigentlichen Berufung, der eines sehr großen Prosaschriftstellers.

Vom ersten Tag an gefällt ihm die Stadt mit ihren gewundenen Gäßchen, ihrem alten Bischofspalais, ihren vorgeschragten Häusern, deren gemalte Fassaden Geschichten erzählen, und der Tür, die der

Teufel der heiligen Kunigunde vor der Nase zuschlägt. Die gute Küche in Bamberg rechtfertigt das Sprichwort: «Unterm Krummstab ist gut leben.» Alles ist hier verschroben, üppig, zu Voluten eingerollt, barock und bewegt. Die nüchterne Kargheit Norddeutschlands, sein trockner, beherzter, schalkhafter Humor sind hier nicht zu finden, noch auch der Widerspruchsgeist der Berliner, dafür aber eine pausbäckige deftige Fröhlichkeit, Hang zum Luxus und zum Wohlleben, die unverbindliche Höflichkeit Altreicher, ein zäher Duft nach Weihrauch und gebratenem Speck.

Hoffmann sieht sich um, lauscht, schnuppert, schmeckt, notiert, vergleicht, sammelt Eindrücke, erntet eine Fülle von Bildern. Bilder über Bilder: ob es sich nun um Zechbrüder im blonden Licht eines Gasthauses oder um einen Leichenzug in einem abschüssigen Gäßchen handelt. Hoffmann bindet seine Ernte zu Garben. Bald wird er die Reichtümer, die er seit Beginn seines Lebens angesammelt hat, wiedergeben müssen, bald wird der Dichter sein Werk in einer Laufbahn beginnen, die nur zwölf Jahre dauern wird. Um die gewaltigen Schätze zu verwerten, wird Hoffmann den Beistand eines ungewöhnlichen Gedächtnisses benötigen. Er besitzt es, und er verfügt vor allem über das, was man mnemotechnische Ordnung nennen könnte: *Das eigentliche Gedächtnis, höher genommen, besteht, glaube ich, auch nur in einer sehr lebendigen, regsamen Phantasie, die jedes Bild der Vergangenheit mit allen individuellen Farben und allen zufälligen Eigenheiten im Moment der Anregung hervorzuzaubern vermag,* sagt der Hund Berganza. Und ein paar Zeilen später äußert er, daß einer seiner früheren Herren mit einem solchen Gedächtnis begabt gewesen sei, obwohl es ihm unmöglich gewesen wäre, einen Namen oder ein Datum zu behalten. Hoffmann weiß nur das Wesentliche zu behalten, und da das Gedächtnis ein Arbeitswerkzeug ist, muß es sauber bleiben, um funktionieren zu können.

Am Theater von Bamberg erwarten Hoffmann große Enttäuschungen. In einem Brief an Hitzig gesteht er, daß er alles in einem ganz anderen Zustand gefunden habe, als dem, den der Graf von Soden ihm geschildert hatte. Letzterer hat sich nach Würzburg zurückgezogen, nachdem er nicht nur die Leitung, sondern überhaupt das ganze Unternehmen einem gewissen Heinrich Cuno übertragen hat. Heinrich Cuno ist ein unwissender Dummkopf, der sich vor Eitelkeit aufbläht. Beunruhigt stellt der neue Kapellmeister fest, daß sein Direktor sowohl durch seine Geschäftsführung als aus völliger Unkenntnis der theatralischen Kunst das Theater an den Rand des Ruins führt. Cuno andererseits intrigiert gegen Hoffmann, so daß dieser schon zwei Monate nach seiner Ankunft auf den Kapellmeisterposten verzichten und sich mit der Stellung als Theaterkomponist begnügen

Selbstbildnis. Undatiert

muß. Diese Tätigkeit soll ihm ein monatliches Honorar von 30 Gulden einbringen, die er übrigens nicht regelmäßig einstreichen kann, aus dem einfachen Grund, weil die Kasse leer ist. Trotzdem ist Hoffmann weit davon entfernt zu klagen, er ist froh, seine Kunst vor einem Publikum ausüben zu können, dessen Gunst er als Komponist sehr viel mehr erwirbt denn als Kapellmeister. Er sieht die Möglichkeit, sich eine mehr oder weniger unabhängige Existenz aufzubauen, und die Freude, die er darüber empfindet, macht ihm nur um so deutlicher klar, wie wenig er für die juristische Laufbahn geschaffen ist. Später wird er sie zwar wieder aufnehmen, doch für den Augenblick liegt ihm nichts ferner – und wäre es nur, um den Grafen von Seckendorf zu ärgern, dem er bei seiner Ankunft empfohlen war und der ihm nur den einzigen guten Rat zu erteilen wußte, er möge sich in Bamberg als Advokat niederlassen, und ihm dann den Rücken kehrte.

Um leben zu können, gibt Hoffmann den Damen der guten Gesellschaft, in die er durch den Baron von Stengel eingeführt worden ist, zahlreiche Gesangs- und Musikstunden. Für diesen Gönner empfindet er zunächst Sympathie, die sich aber später in Abneigung verwandeln wird. Er wird ihn dann in *Nachricht von den neuesten Schicksalen des Hundes Berganza* karikieren.

Musiklehrer ist eine angenehme Tätigkeit, denn nicht nur wird er *überall gut und prompt bezahlt,* sondern er sieht sich auch von einem ganzen Schwarm Comtessen, schmachtender Backfische und empfindsamer, selbstverständlich unglücklich verheirateter Frauen umgeben. Der Wolf in der Schafsherde. Der Wolf ist mit seiner Situation sehr zufrieden und gesteht, daß er eine so liebenswürdige Stadt nur verlassen würde, wenn man ihm den festbezahlten Posten eines Kapellmeisters in einem königlichen oder fürstlichen Haus anböte, was bei ihm weniger eine Frage der Weltanschauung als der Bequemlichkeit ist. Eigentlich würde es kaum anders als in Bamberg sein, der Residenz des Herzogs von Bayern und seines kleinen provinziellen, in der Etikette erstarrten Hofes. Wahrscheinlich würde Hoffmann nur dieselben schwatzhaften alten Damen, die gleichen «chinesischen» Pavillons finden, und zum Geburtstag der Prinzessinnen würde sich im Schwanenteich ein Feuerwerk spiegeln, auf der Terrasse der Orangerie gäbe es Ketten von Lampions, alles wie bei dem Fest, das der Herzog zu Ehren der Prinzessin von Neufchâtel gibt, bei welcher Gelegenheit Hoffmann sich zur Komposition eines Prologes verpflichtet sieht. *Ich warf so ein recht gemein sentimentales Ding zusammen, komponierte ebensolche empfindsame Musik dazu – es wurde gegeben – Lichter – Hörner – Echos – Berge – Flüsse – Brücken – Bäume – eingeschnittene Namen – Blumen – Kränze nicht gespart, es gefiel ungemein und ich erhielt mit sehr gnädigen Ausdrücken*

Christoph Willibald Ritter von Gluck.
Gemälde von Duplessis

von der Prinzessin Mutter für die verschaffte Rührung 30 Carolin,
die gerade hinreichten mich hier so ziemlich auf reinen Fuß zu setzen.

Die Lächerlichkeit der Situation entgeht Hoffmann nicht; keinerlei Lächerlichkeit ist ihm jemals entgangen, und im gleichen Sinn wie Sterne ist er ein wahrhafter Barde des Grotesken. Wie zum Beispiel in den *Lebens-Ansichten des Katers Murr*, wo er das berühmte, vom Fürsten gegebene Fest beschreibt, der «Les Fêtes de Versailles» gelesen hat und daraus Anregung schöpft, indem er sie wegen der beschränkten Mittel ein wenig abändert: die Puppe, die einen Genius darstellt und eine Fackel trägt, erweist sich als zu schwer, kippt um und gleitet kopfheister an dem Seil entlang, während das brennende Wachs in schmerzhaften Tropfen auf die verblüfften Zuschauer herabträuft, die sich nicht zu beklagen wagen, außer einem dickleibigen General, der einen Satz macht und mit dem Ausruf «Alle Teufel!» in das Seilwerk des Genius stürzt, der inmitten eines unglaublichen

Durcheinanders am Boden zerschellt. Etwas später plumpst bei einem Blumenregen, der auf die Gäste herabrieselt, eine dicke Türkenlilie dem Fürsten genau auf die Nase und bestäubt mit Purpur sein ganzes Gesicht, was ihm ein zornwütiges, schlagflüssiges Aussehen verleiht. *Ja selbst, wenn der Fürst bei den Stellen, die er sich zu dem Behuf in dem Exemplar, das er in der Hand hielt, rot angestrichen, der Fürstin die Hand küßte und mit dem Tuch eine Träne von dem Auge wegdrückte, schien es in verbissenem Ingrimm zu geschehen.*

Damals komponiert Hoffmann ein großes Miserere im Auftrag des Grafen von Soden. Außerdem denkt er an die Gründung einer Singakademie nach dem Muster der Warschauer. Trotz aller dafür unternommenen Schritte läßt sich der Plan nicht verwirklichen.

Im Februar 1809 sieht Cuno sich gezwungen, den Bankrott zu erklären, zu dem seine Mißwirtschaft und Inkompetenz das Theater geführt haben. Das Unternehmen wird also provisorisch von einem Gläubiger-Gremium geleitet. Hoffmann ist eher erleichtert als beunruhigt. Übrigens hat er allen Grund, sich zu freuen, denn schon Ende Januar hat der Verleger Rochlitz ihm mitgeteilt, daß er *Ritter Gluck* in der «Allgemeinen Musikalischen Zeitung» veröffentlichen will und willigt in eine ständige Mitarbeit Hoffmanns als Musikkritiker.

Ritter Gluck, seine erste Erzählung. Als er die gute Nachricht erhält, notiert er in seinem Tagebuch unter dem 27. Januar: *Mei.(ne) literarische Carriere scheint beginnen zu wollen.* Wie lange hat er sich schon mit dem Gedanken daran getragen? Was die Entstehung von *Ritter Gluck* betrifft, läßt sie sich zeitlich nicht genau fixieren. Er hat die Erzählung am 12. Januar 1809 an Rochlitz geschickt, doch in großen Linien hatte er sie wahrscheinlich schon im vorangegangenen Sommer entworfen, während er sich in Glogau in Ferien befand. Der Begleitbrief zum Manuskript ist aufschlußreich, denn er erwähnt darin, daß er die Idee zu der Erzählung einem Zeitungsausschnitt über einen Vorfall in Berlin entnommen habe, was für die Datierung ziemlich eindeutig ist und die Hypothese seiner Kommentatoren widerlegt, die da behaupten, seine Leidenschaft für Julia habe seine literarische Schaffenskraft freigesetzt und Julia sei es, durch die er zum Dichter geworden wäre. *Ritter Gluck* enthält schon alle wesentlichen Elemente des Gesamtwerkes, dessen Präfiguration die Erzählung sozusagen darstellt und wurde vor dem 12. Januar 1809 geschrieben, während Julia zum erstenmal am 21. Mai 1809 erwähnt wird und Hoffmann erst vom 11. Januar 1811 ab seine Leidenschaft für das junge Mädchen durchblicken läßt. Allerdings war er seit seiner Ankunft in Bamberg häufiger Gast im Haus der Frau Marc und gab Julia Gesangsunterricht, doch sie war noch ein kleines Mädchen, und wenn er schreibt *Mei. literarische Carriere scheint beginnen zu*

wollen, ist er noch weit davon entfernt, an sie zu denken. Leugnen läßt sich freilich nicht, daß Julia unaufhörlich unter verschiedenen Gestalten und Namen in allen seinen Werken auftaucht und daß sie in ihm einen unauslöschlichen Eindruck hinterlassen hat, doch die Behauptung, diese Liebe habe den Dichter befreit, den Hoffmann in sich trug, ist eine bedauerliche Verwechslung von Ursache und Wirkung. Er hat in Julia «das ästhetische Idol» gefunden, um den Ausdruck Joachim Rosteutschers zu gebrauchen, und er liebte sie, weil er bereits der Dichter E. T. A. Hoffmann war. Eines steht freilich fest: ohne Julia hätte Hoffmann ein ganz anderes Werk hinterlassen, aber hinterlassen hätte er eines.

Ritter Gluck zählt schon gleich zu den besten Erzählungen Hoffmanns, wenn auch gewisse stilistische Kennzeichen des Experimentierens später in seinen Werken verschwinden werden. Ich meine damit ein Übermaß an Deskriptivem, das bei ihm ungewöhnlich ist. Verglichen zum Beispiel mit dem Stil Balzacs, ist der Hoffmanns durchaus nicht beschreibend. Eigentlich nimmt keine seiner Schilderungen mehr als höchstens vier oder fünf Zeilen ein. Er suggeriert eher, als daß er abmalt, und auch das nur in dem Maß, wie das Verständnis der Erzählung es erfordert. Wenn er wie Balzac ein Vorläufer des Realismus ist, so handelt es sich bei ihm um einen Realismus des Phantastischen, der alltägliche Menschen aus den verschiedensten sozialen Schichten auftreten läßt, die er uns bei den trivialsten Beschäftigungen vorführt, bis zu dem Augenblick, in dem das Phantastische das Reale überlagert, ohne es zu verdecken. Doch während Balzac Gefahr läuft, sich an die winzigen Einzelheiten zu verlieren, beschränkt Hoffmann sich dagegen darauf, den ungewöhnlichen oder auffallenden Zug einer Figur aufzuzeichnen: eine Perücke out of fashion, eine mit wunderlichen Zeichen bestickte Weste, eine kreischende Stimme, einen hampelnden Schritt. Manchmal macht er dem Leser auch verständlich, daß das Aussehen einer Gestalt nichts Außergewöhnliches aufweist, daß aber trotzdem ihre Gegenwart, der Ausdruck ihres ganzen Seins, die Empfindung eines heftigen Unbehagens auslöst, das um so quälender ist, als nichts zu erklären vermag, woher eigentlich diese Wirkung tatsächlich kommt. Diese Art der Suggestion, die den Leser beeinflußt, ist dann häufig aufgegriffen worden, doch Hoffmann war der erste, der sich ihrer bedient hat. Auf den ersten Seiten von *Ritter Gluck* freilich kommt dergleichen noch nicht vor. Die Schilderung von Glucks Gesicht und seiner Mimik ist im klassischen Stil behandelt und umfaßt ein vollständiges Signalement: Nase, Stirn, Farbe der Augen, Mund usw., ein System, das auch Balzac getreulich aufgreift, ihm aber mit seinem Beobachtungsgenie das Besondere des Realen verleiht, das mit der vergleichenden Art der Romantiker und der Klassiker nichts mehr zu tun hat. Wenn aber Hoffmann hier solche Präzision entfaltet, darf man nicht vergessen, daß es sich um das Porträt einer wirklichen Persönlichkeit handelt, die der Leser wiedererkennen soll und die er auch trotz dem Einspruch seiner Vernunft wiedererkennen wird. Denn der Untertitel *Eine Erinnerung aus dem Jahre 1809* ist berechnenderweise dazu angetan, Bestandteil des Rätselhaften zu sein. Ist Gluck nicht seit 25 Jahren tot? Ja oder nein? *Ich bin der Ritter Gluck,* sind die letzten Worte der Erzählung. Ohne weitere Erklärung, denn sie

Eine Bühnendekoration Hoffmanns. Tuschzeichnung, 1811/12

könnte nur die phantastische Vorstellung, die beim Leser vorausgesetzt wird, beeinträchtigen. Darum übt diese Erzählung eine so packende, rätselhafte, geheimnisvolle Wirkung aus, und zwar schon von den ersten Seiten an, obwohl sie in einer allzu realistischen Weise abgefaßt sind. Hoffmann ist der erste Realist des Phantastischen, und mag er auch oft ungleich, unvollkommen und sogar hier und da trivial sein, kann niemand ihm diesen Titel streitig machen. Zum Teil schöpft *Ritter Gluck* seine literarische Qualität aus dem Fehlen einer Lösung. Auch in der Folge wird es immer so sein, und wo Hoffmann darauf verzichtet, seine Erzählungen allein auf das Irrationale und Phantastische aufzubauen, wo er eine logische Intrige zu entwickeln versucht, wird sie immer nur mühsam zusammengestoppelt sein (*Signor Formica*, *Die Doppeltgänger* u. ä.). Wo er Erklärungen abgeben muß, bleibt er stümperhaft und greift nach epischen Elementen von grauenhaftem Niveau: Kindesverwechslungen durch Zigeuner, verkleidete Prinzen usw.

Mitte März hat Hoffmann die Freude, seinen Text in der «Musikalischen Zeitung» zu lesen und stellt ganz naiv fest, daß er ihm in Druckbuchstaben ganz anders vorkomme. Er arbeitet weiterhin musikalisch, schreibt in dieser Zeit viele Musikkritiken und tauscht seinen dritten Vornamen Wilhelm gegen Amadeus aus; doch Niedergeschlagenheit erfaßt ihn, und er notiert in seinem Tagebuch, daß er zu deprimiert sei, um zu arbeiten. Oder auch: *dies ordinarius atque tristis*. Ein gewöhnlicher Tag, das haßt er am meisten, mehr als das Leiden, mehr als den Krieg, dessen Echos ihn beunruhigen.

Franz von Holbein.
Stahlstich von Benedetti

In Bamberg ist es noch still und das Leben erstaunlich billig, doch ein französisches Regiment von Chevaulégers biwakiert vor dem Stein-Tor, die Österreicher sind im Anmarsch, weichen zurück, kommen wieder näher und man befürchtet, daß ganz in der Nähe eine Schlacht stattfinden wird. *Ordinairer Tag ... Ordinairer Tag* mit einer *biondina* zum Zeitvertreib, ein rasch wieder aufgegebenes Abenteuer.

Hoffmann setzt sich mit Härtel in Verbindung, dem Musikverlag in Leipzig, um Musikstücke in Kommission zu erhalten, die er an seine Schülerinnen vertreibt. Er schaltet sich auch beim Verkauf von Klavieren ein. Ein Kleinverdiener, der mehr als eine Saite auf dem Instrument hat. Was ihn nicht daran hindert, in der Gesellschaft den Platz eines Weltmanns auszufüllen. Er ist weiterhin Gast der Salons und besucht häufig Bälle, denn er tanzt sehr gern. Trotz der Vorurteile jener Zeit hat seine Situation nichts Schiefes, denn die napoleonischen Kriege haben aus gut einem Drittel aller Europäer «Deklassierte» gemacht. Übrigens ist sich Hoffmann seines Wertes viel zu bewußt, um sich durch das Einkassieren von handelsüblichen Kommissionen erniedrigt zu fühlen. Es bringt ihm eine gewisse Unabhängigkeit ein, auf die er größten Wert legt, und es läßt ihm genug Zeit, ein Melodram für von Soden zu komponieren, der nach Bamberg zurückgekommen ist, ferner die Bühnenmusik zu einer *Genofeva*.

Im Frühjahr 1810 erhält das Bamberger Theater eine neue Verwaltungsform; es wird von einer Aktiengesellschaft geleitet, die die Direktion an Franz von Holbein übergibt, einem alten Bekannten Hoffmanns aus seinem ersten Berliner Aufenthalt. Der Dichter wird beauftragt, gleichzeitig die Funktionen als Direktionsgehilfe, Komponist und Bühnenbildner auszuüben. Franz von Holbein läßt ihm freie Hand, und Hoffmann benutzt es, um seine Lieblingsdichter Shakespeare und Calderón de la Barca zu inszenieren.

Fast jeden Abend trifft er sich mit einer Gruppe von Freunden in Bug, einem ländlichen Vorort von Bamberg, wo man im Gasthaus

des Vater Striegel Punsch trinkt. Zu der Runde gehören der berühmte Nervenarzt Dr. Marcus und sein Neffe Dr. Speyer, Onkel der jungen Julia Marc. Außerdem ist da Carl Friedrich Kunz, ein Weinhändler und Verleger, der als erster Hoffmanns Werke in Buchform veröffentlichen wird.

Man trinkt, diskutiert, lästert mit der amüsanten Bosheit belese-
ner Leute und amüsiert sich köstlich. Hoffmann kritzelt auf einer
Tischdecke die *petits riens* wie Epigramme, Parodien, Aphorismen
zum größten Gaudium seiner Zechgenossen. Zum Spaß, aus Spiel-
trieb schreibt er sie hin, wenn er später auch das eine oder andere davon in den *Serapions-Brüdern* verwenden wird. Häufig unterbreiten
die Freunde ihm ein paar zusammenhanglose Wörter. Hoffmann
soll daraus dann eine Geschichte improvisieren, in der diese Wörter
in der Reihenfolge vorkommen, in der sie ihm gegeben wurden, und
ein Ganzes soll sich daraus ergeben. Kabarettisten haben dieses Spiel
häufig aufgegriffen, das auch zu Hoffmanns Zeit längst nicht mehr
neu war. Doch so wenig gewichtig diese kleinen Schreibereien auch
gewesen sein mögen, so zeigen sich in ihnen doch eine geistige Ge-
schmeidigkeit und eine Originalität schöpferischer Phantasie, die unvergleichlich sind. Immer gehorcht ihm sein Denken, und er amüsiert
sich damit, es wirbeln und tanzen zu lassen, läßt es die tollsten Kapriolen machen, die abenteuerlichsten Verrenkungen. Vor allem der
Einbildungskraft keine Fesseln anlegen. Das Leben ist so spaßhaft,
das Leben ist so schmerzlich.

Um die gleiche Zeit unternimmt er die Niederschrift seiner drei-
zehn *Kreisleriana*, kurzer Skizzen, knapper Essays oft in der Form
von Erzählungen, in denen der Dichter den Kapellmeister Johann
Kreisler seine ästhetischen Ansichten, seine Kritiken und Träume-
reien ausdrücken läßt, aber auch seine eigenen Ideen und Gefühle
ironisiert. Naive Leute mögen seufzen, daß «nichts ihm heilig sei».
O doch, die Musik. Der Essay *Beethovens Instrumental-Musik* gehört ja auch zu den sechs Kreisleriana, die 1814 in der ersten Novel-
lensammlung *Fantasiestücke in Callot's Manier* erscheinen. Trotz
einer gewissen stilistischen Einheit gleicht nicht ein Stück daraus dem
anderen, ob es sich nun um den Essay über die Psychologie Don Juans
handelt, über die Kreisler in der nächtlich verlassenen Theaterloge
nachdenkt, oder um den *Vollkommenen Maschinisten*, der augen-
scheinlich nach dem Schema der berühmten «Ratschläge für Dienst-
boten» von Swift entworfen ist, oder auch um die erste Skizze *Johannes Kreisler's, des Kapellmeisters, musikalische Leiden*. Namentlich in ihr offenbart sich Hoffmanns scharfer Spott, und bei der Lektüre spürt man mehr als je, wie sehr er sich von den Leuten, die er
schildert, distanziert hat. Immer Zuschauer, immer Zeuge, beobach-

tet er durch den Kristall hindurch, wie in den Kindertagen, die Lächerlichkeiten der Menschen. Als einsamer Beobachter, der durch seinen verfluchten Kristall hindurchblickt, wodurch sich alle Makel wie durch die Wirkung einer Lupe vergrößern, muß er manchmal die Illusion haben, unsichtbar zu sein wie Asmodäus und sich bitter darüber freuen. Er wird nicht müde, die Marionette der Dummheit hopsen zu sehen. Sie fasziniert ihn, wie sie fünfzig Jahre später Flaubert faszinieren wird. Hoffmann ist unendlich subtiler, intellektueller und grausamer als Flaubert, er läßt sich nicht zu der spektakulären Vereinfachung und Schematisierung hinreißen, die ein großes naturalistisches Gemälde erfordert. Er hätte gegen Charles Bovary seine Pfeile abgeschossen, hätte aus Monsieur Homais einen wohlanständigen überzeugten Reaktionär gemacht und Emma ins Reich der Harmonien oder in seltsamen und dekorativen Wahnsinn entkommen lassen. Er ist Satiriker, aber kein Moralist und noch weniger Sittenrichter. Es gibt für ihn nur ein Verbrechen, nämlich geistlos zu sein. Die

Hoffmann: Bühnenbild. Wahrscheinlich der Beginn des Burgbrandes in «Käthchen von Heilbronn», um 1812

Ethik läßt ihn indifferent, während er mit dunkler Wut und tollem Vergnügen alles aufzeichnet und schildert, was grotesk ist. Das Groteske des Seltsamen und das Groteske des Banalen, das Burleske, die Dummheit in all ihren Gestalten. Die Welt ist ein vom Teufel eingerichteter Betrug, die Spielregeln liegen von vornherein fest, die Würfel sind gezinkt und den Mitspielenden geschieht das nur recht. Den Leuten, die übers Wetter und von ihren lieben Kindern reden, den zimperlichen Weibern, den unermüdlichen Anekdotenerzählern, den witzigen Schwätzern, den Stiefelleckern, den Konformisten, aller Welt, die seinen großen Hunger nach Liebe nicht befriedigt hat.

Dieser Hunger nimmt mit den Jahren zu, und 1811 ist Hoffmann reif für eine große Leidenschaft, die für ihn eine große Prüfung sein wird.

KAMPF GEGEN EINEN SCHMETTERLING

Er verliebt sich heftig in seine Schülerin Julia Marc.

Sie ist damals fünfzehn Jahre alt, hat dunkelblaue Augen, ein schmales, bernsteinfarbenes Gesicht, das von schwarzen Locken umrahmt wird. Im intimen Tagebuch des Dichters erscheint sie bald in der graphischen Gestalt eines Schmetterlings, bald unter der Abkürzung *Kth*, was Käthchen bedeuten soll, nach Kleists «Käthchen von Heilbronn». Niemand gleicht weniger dieser bis zum Imbezilen passiven Dramenheldin, diesem Bauernmädchen, dessen Typus uns an die einfältigen Hirtinnen denken läßt, deren Natur sie für mystische Visionen und Stigmatisierungen anfällig macht. Doch Käthchen von Heilbronn ist somnambul. Dieser Zug, der bei Kleist so häufig vorkommt, regt die Phantasie Hoffmanns gewaltig an, und aus bloßem Denkspiel kann er nicht anders, als diesen Reiz der, die er liebt, zu verleihen. Da es außerdem gerade die Zeit ist, in der er «Käthchen von Heilbronn» inszeniert, ist es klar, daß diese Gestalt ihn verfolgt. Julia Marc ist weder ein «Käthchen» noch ein «Gretchen», sondern ein junges Mädchen aus dem gehobenen Bürgertum, graziös, lebhaft und durchaus nicht dumm. Eine komplizierte Natur allerdings: kindlich, verschlossen, nervös und bizarr wie Hoffmann selbst.

In bündiger, doch oft präziser Form notiert er Tag für Tag die Seelenstimmungen, in die ihn die häufigen Begegnungen mit Julia versetzen. Von 1811 an bis zu seiner Abreise von Bamberg 1813 sind wir Zeuge des inneren Dramas Hoffmanns.

Anscheinend haben zuerst seine Phantasie und sein ästhetischer Sinn Feuer gefangen, während er Julia singen sieht und hört. Sie dringt damit in die *Welt der Harmonien* ein, das heißt in das ideale Reich, wo sie von der materiellen und vulgären Welt abgesondert ist, auch sie von einem Kristall umgeben, durch den hindurchzusehen sie verschmäht. Dieser amor intellectualis, den Hoffmann so intensiv empfindet, zieht alsbald auch den des Herzens und des Leibes nach sich. Mit seinem ganzen Wesen liebt er Julia. Und da diese Liebe lebendig ist, ist sie auch Schwankungen, Rückschlägen und Widersprüchen unterworfen; sie nimmt zu und ab wie die Gezeiten des Meeres. Ach, es ist keine literarische Leidenschaft, die hinterher durch den Zauber der Erinnerung dichterisch komponiert wäre, es sind nicht die «Leiden des jungen Werther», der an Altersschwäche und einer vernachlässigten Erkältung stirbt. Es ist das nackte Leben, die blutende Liebe ohne Floskeln und Schleier, ein unmittelbares und wahrheitsgetreues Dokument. Hier einige Auszüge:

3. Februar 1811
Höchst ärgerliche Stimmung – bis zum Exzeß romant. und kapriziös. Ktchn (ein gezeichneter Schmetterling) *De profundis clamamus – Abends in der ‹Rose› gepunscht –*

5. Februar
Ktch: plus belle que jamais et moi – amoureux comme quatre vingt diables – exaltiert – zu Kunz eingeladenermaßen (Zeichnung eines Glases) *in der Nacht potrawke – sehr gut gestimmt. – Das Sextett geendigt.*

16. Februar
N. M. i. d. ‹Rose› – Abends den Julianen-Tag feierlichst begangen bei Marc – exaltierte Stimmung – (und in griechischen Buchstaben:) *diese romantische Stimmung greift immer mehr um sich und ich fürchte, es wird Unheil davon entstehen – Ktch.*

22. Februar
Unvernunft und Leidenschaft – quod deus bene vertat

24. Februar
Ktch etwas nachgelassen

25. Februar
Ktch – Ktch – Ktch!!! exaltiert bis zum Wahnsinn

18. März
enthusiasmo mit Ktch beinahe den höchsten Gr. erreicht. Abends Pipicampu und geistiger Ehebruch.

4. Januar 1812
Duett mit Ktch gesungen – Nachher ‹Rose› – höchst exotische

Julia Marc in späteren Jahren.
Bleistiftzeichnung von Friedrich Kaulbach, 1844

Stimmung (Zeichnung eines Glases) – *bittere Erfahrungen – An-stoßen der poetischen Welt mit der prosaischen. Exaltati. – exalta-tione grandissima!!!*

5. *Januar*
Exotische, aber miserable Stimmung – Ktch – Ktch – in der ‹Rose› (Zeichnung zweier Gläser) *Wie – und – was? – Rasche Entschlüsse – Sei es dann – Es muß – es muß entschieden werden – Roma – Roma tu eris mihi salutaris – Italia*

8. *Januar*
Dekorat. gestellt – Abends – Nhrr (die Schauspielerin Neuherr war am Bamberger Theater beschäftigt) *– gefunden, daß es möglich ist von Ktch zu abstrahieren – gesprochen – mit i h r und doch nicht – exotische Stimmung – Witzjagd in der ‹Rose› – ohé – ohé*

9. *Januar*
Ktch – sonderbare widersprechende Ereignisse – exotische Stim-mung – in den eignen Eingeweiden gewütet – Ktch – Ktch – Ktch – Das Verderben schwebt über mir und ich kanns nicht vermeiden –

14. *Januar*
Ktch im Abnehmen

Und so zwei Jahre lang. Hoffmann notiert seine Arbeiten, seine Begegnungen, seine Besuche, seine Trinkgelage, seine Launen, die Schwankungen seiner Leidenschaft und seiner Indifferenz für Julia, seine Angst vorm Wahnsinn, seine Wachträume und zweimal in Hieroglyphen Gedanken an Selbstmord. *Es ist merkwürdig, daß be-ständig sich Ktch und Musik im Kopfe dreht* (30. April 1812), aber er notiert auch, daß er nichtsdestoweniger *ganz besonders inamorato nella Donna Kunziwowa,* verliebt in Frau Kunz sei, bald wie zwan-zig Teufel, bald *un poco,* trotz der Eifersuchtsszenen *der Frau.* Er selbst ist schrecklich eifersüchtig auf jeden, der Julia nahe kommt. Er spricht auch von *Hoffnungen,* wahrscheinlich Ausgeburten seiner Phantasie oder auch Folgen der Koketterie des Kind-Weibes.

Julia muß wegen der Leidenschaft, die sie einflößt, gleichzeitig ge-schmeichelt und erschrocken gewesen sein. Sie ist dem merkwürdi-gen Anbeter gegenüber liebenswürdig, manchmal auch sehr fröhlich, doch seine Liebe scheint sie nicht zu teilen. Was übrigens ihr Glück ist, denn ihre Mutter hat sich in den Kopf gesetzt, daß es Zeit sei, sie zu verheiraten. Möglichst mit einem reichen Mann, um den prekä-ren Stand ihrer Finanzen aufzubessern. Frau Marc hat ihr Augen-merk auf einen gewissen Groepel gerichtet, einen Kaufmann aus Hamburg. Schon im März 1812 trifft er ein, und Hoffmann wird sehr bald über diese Eheprojekte informiert. Seine Eifersuchtsanfälle wechseln ab mit einer heiteren Stimmung, denn er scheint im stillen davon überzeugt gewesen zu sein, daß aus dieser Heirat nichts würde. Dagegen notiert er mit der geheimnisvollen Intuition der Liebenden unterm 9. April 1812: *Ktch – lüstern freundlich die besondere Erfahr. gemacht hat.* Und ein paar Tage später am 25. April gesteht sie selbst ihm: *Sie kennen mich nicht – meine Mutter auch nicht – niemand – ich muß so vieles tief in mich verschließen – ich werde nie glücklich sein.* Hoffmann fragt sich, was sie damit hat sagen wollen; fast wörtlich wird er, was Julia gesagt hat, und Wort für Wort der Cäzilia im *Hund Berganza* in den Mund legen. Später, nachdem er verstanden hat, was doch ziemlich klar war. Julia ist zu sinnlich, um ganz und gar kokett zu sein, und es ist nicht möglich, daß sie nicht zum mindesten in ihrer Einbildung, die sehr lebhaft ist, verwirrt gewesen wäre. Als Groepel auftaucht, liebt sie ihn sicherlich nicht mehr als Hoffmann, doch sie hat die Gewißheit, daß sie ihm bald körperlich angehören wird, und Groepel profitiert von dieser Neugier und Ungeduld. Auf Grund ihrer Erziehung und der damaligen Zeiten hat Julia Skrupel und glaubt, etwas Schlechtes getan zu haben. Hoffmann gegenüber macht sie Anspielungen, denn vor allem ihm gegenüber meint sie gefehlt zu haben und des Verrats schuldig zu sein, weil er sie so sehr liebt und doch niemals versucht hat, sie zu seiner Geliebten zu machen. Hoffmann entdeckt alsbald die Lösung zu diesem armen Rätsel, während Julia ihrerseits sehr rasch ihr Gleichgewicht zurückgewinnt, ihn harmlos neckt und ihm sogar wie eine Verliebte Szenen macht. Er schwankt wie ein Rohr im Wind und wird von seiner Leidenschaft hin und her gerissen, die manchmal in ihm aufsteigt, wenn er am wenigsten gefaßt darauf ist: wenn er mit Meyerbeer zusammen in Bug diniert, wenn er die dekorativen Fresken für Altenburg malt, die Restaurierungspläne für dies halb verfallene Schloß zeichnet, das sein Freund Dr. Marcus gerade erworben hat, wenn er in großen Zügen die Dekors für die Dramen Calderóns entwirft, wenn er im Gasthaus «Zur Rose» beim Trinken sitzt.

Hoffmann verbringt täglich mehrere Stunden in der «Rose», einem vortrefflichen Gasthaus in Alt-Bamberg mit einem großen Backofen und einem Saal mit dicken Mauern, der durch einen Korridor mit den Theaterkulissen in Verbindung steht. Der Wirt ist mit der Kundschaft dieses Gastes sehr zufrieden, der so lange trinkt, bis er, den Kopf auf dem Tisch, einschlummert, und er gewährt ihm gern, tief in der Kreide zu stehen. Hier trifft der Dichter seine Freunde und lädt sie ein, doch meistens setzt er sich ganz allein in einen Winkel, steckt sich seine lange Pfeife an und betrinkt sich stumm, Beute seiner Gespenster und Visionen. Manchmal spielt er auf letztere in seinem Tagebuch an, jedoch ohne sie jemals im einzelnen zu schildern. Nach Hoffmanns Tod hat Hitzig versucht, aus Pietät vor dem Gedächtnis des Dichters, der sein Freund gewesen war, dessen Hang zu

Edgar Allan Poe

alkoholischen Getränken in eine Art dionysische Ekstase umzudeuten; naiverweise hat er ihn so dargestellt, als habe er immer nur erlesene Weine und ausgesuchte Liköre getrunken. Sicherlich hat Hoffmann auf Grund seiner Herkunft, seiner Erziehung, seiner verfeinerten und höchst differenzierten Sinnenfreude, die sogar bis zu der komplizierten Wollust der Askese gehen kann, eine deutliche Vorliebe für das Köstliche: den Champagner, den alten Burgunder, den Tokayer; doch wenn es keine Krammetsvögel gibt, so ißt man halt Amseln, und statt Champagner trinkt man die Frankenweine in ihren Bocksbeuteln, und wenn man auch sie nicht hat, und nicht einmal rauhen Pfälzer Roten, findet man doch wohl immer einen Fusel, um die Chimären anzuspornen. Hoffmann trinkt alles, was ihm vorkommt, außer Bier, das er als ein geist- und seelenloses Getränk verachtet, weil es beruhigt, beschwert und einschläfert. Die Wahrheit, die übrigens auch aus dem intimen Tagebuch hervorgeht, zwingt zu der Feststellung, daß er das war, was man unumwunden einen Säufer nennt.

Es wäre ein törichter Irrtum, wollte man auch nur einen Augenblick annehmen, er sei durch den Trunk zum Dichter geworden. Der Alkohol schreibt nicht für ihn, sondern schreibt in ihm und spielt gewissermaßen die Rolle des Mikroskops, das vorhandene, bisher nur nicht sichtbare Dinge erkennen läßt. Man darf wohl auch annehmen, daß er vielleicht nicht der Trunksucht verfallen wäre, wenn er nicht durch einen alkoholischen Vater erblich belastet gewesen wäre, daß er dann aber vielleicht auch nie der Dichter geworden wäre, der er war. Sieht man die Dinge unter diesem Gesichtspunkt, muß man zugeben, daß sein Genie viel dem Alkohol verdankt.

Schreibt Hoffmann im Zustand der Trunkenheit oder auch «danach», wie zum Beispiel E. A. Poe, der sein Werk in den Stunden geschaffen hat, in denen die Wirkung des Whiskys in ihm abklang? Es scheint, daß die zweite Annahme zutrifft. Hoffmann hätte demnach im Rausch Eingebungen gehabt und die Bilder seiner trunkenen

Träume bis in die bitteren, grauen Stunden des Katzenjammers bewahrt. In ihnen hätte er seine Gesichte niedergeschrieben und mit einem durch die physische und psychische Depression geschärften Sinn ausgedrückt. Diese Annahme scheint mir bestätigt durch eine Stelle, die wir auf den letzten Seiten der *Serapions-Brüder* lesen können: *Es gibt aber sonst ganz wackre Leute, die so schwerfälliger Natur sind, daß sie den raschen Flug der erregten Einbildungskraft irgendeinem krankhaften Seelenzustande zuschreiben zu müssen glauben, und daher kommt es, daß man von diesem, von jenem Dichter bald sagt, er schriebe nie anders, als berauschende Getränke genießend, bald seine phantastischen Werke auf Rechnung überreizter Nerven und daher entstandenen Fiebers setzt. Wer weiß es denn aber nicht, daß jeder auf diese, jene Weise erregte Seelenzustand zwar einen glücklichen genialen Gedanken, nie aber ein in sich gehaltenes, geründetes Werk erzeugen kann, das eben die größte Besonnenheit erfordert.*

In Wahrheit trinkt er ein wenig, weil es ihm schmeckt, doch sehr viel mehr, um seine Phantasie anzuheizen. Er spielt darauf übrigens häufig an; folgende Bemerkung neben vielen anderen finden wir in seinem Tagebuch aus dem April 1812: *Abends mich mit Mühe heraufgeschraubt – durch Wein und Punsch.*

Ob er allein oder in Gesellschaft trinkt, ob Moselwein oder Champagner auf Kredit, immer begegnet er in der «Rose» einem Freund: Pollux, dem Hund des Wirtes, dem stillen Gefährten seiner Stunden des Rauschs. Es ist ein Bastard, der etwas von einem Pudel und von einem ungarischen Schäferhund hat, ein schwarzes Ungeheuer, das seinen Kopf dem Dichter auf die Knie legt und ihn lange mit den honigfarbenen Augen anschaut. Ein stummer, nächtlicher, mythischer Dialog zwischen dem Dichter, der im wilden Zug des Dionysos mitgeschleppt wird, und der reinen Kreatur, die noch in die chthonische, von verworrenen und glänzenden Bildern durchzuckte Dunkelheit gebannt ist. Der von Hoffmann überaus geliebte Wirtshaushund hat sehr viel mehr als das Vorbild aus den «Exemplarischen Novellen» für Berganza zum Modell gedient. Hoffmann hat bei Cervantes nur den Namen und die Vergangenheit Berganzas entlehnt, während der Hund in der «Rose» ihm die äußere Gestalt, die Gestik, die Mimik und den ganzen Ausdruck einer Hundeseele lieferte. Doch Hoffmann hat ihn namentlich sagen lassen, was er selber dachte, er hat ihn mit einem menschlichen Intellekt begabt, der seine Tiernatur seltsam überlagert, ohne sie zu verwandeln; er hat ihm eine doppelte Natur mitgegeben, wie er es auch mit Kater Murr machen wird. Schließlich läßt Hoffmann, als er ein paar Monate nach seiner Abreise von Bamberg die *Nachricht von den neuesten Schicksalen des*

Hundes Berganza niederschreibt, seiner Eifersucht auf Groepel die Zügel schießen, auf den geilen Wüstling, dessen Liebkosungen die junge Heldin verwirren und ihr Urteil derart trüben, daß sie ihn zu lieben glaubt. Eigentlich eine Art Entschuldigung für Julia. Doch wenn seine Liebe zu ihr bis an seinen Tod dauern wird, macht sie doch auch in der Distanz von Ort und Zeit noch die Schwankungen durch, denen sie in den Tagen der Leidenschaft unterworfen gewesen war. Julia erscheint in Hoffmanns Werken unter verschiedenen Aspekten; bald ist sie die Helfershelferin des teuflischen Dapertutto, die Kurtisane, die ihre Liebhaber in den Abgrund stürzt (*Die Abentheuer der Sylvester-Nacht*), bald das naive Kind, das eine Beute dunkler geheimnisvoller Mächte ist oder auch das junge Mädchen, das von Gesichten verfolgt wird, die Somnambule mit sibyllinischen Anlagen, manchmal auch der Engel, der höllischen oder irdischen Machenschaften zum Opfer fällt.

Die Ausdrücke *Engel, engelisch, himmlisch,* die so oft in Hoffmanns Werken wiederkehren, haben keinen Bezug auf Begriffe der christlichen Theologie, und ihre Substanz läßt sich in keiner Weise mit der gleichsetzen, die diesen Wörtern unter der Feder anderer Schriftsteller aus Hoffmanns Zeit eignet; er gibt ihnen eine völlig andere Bedeutung. Hoffmann versteht unter *Engel* nicht ein metaphysisches Geschöpf von idealer Reinheit, vielmehr will er mit diesem Terminus ein Wesen bezeichnen, das von allen trivialen Zufälligkeiten frei ist, ohne es allerdings von der erotischen Abhängigkeit zu sein. Der Hoffmannsche Begriff des Engels steht also in Beziehung zu jenem in den vorchristlichen asiatischen Mythen, in denen der Engel fleischlichen Umgang mit den Kindern der Menschen sucht. Der Engel ist die mehr oder weniger materialisierte Emanation einer göttlichen Wesenheit und umschließt die doppelte, unheilvolle und wohltätige Natur, wie sie allen mythischen Gestalten eigentümlich ist. Der Hoffmannsche Engel, der unter der Feder eines übrigens völlig areligiösen europäischen Dichters entstanden ist, hat dennoch Züge geerbt, die ihn mit der Natur des Sukkubus aus dem christlichen Esoterismus in Verwandtschaft setzen.

Die Frauen in den Werken Hoffmanns haben einen Charakter, der ins Reich der Liebesleidenschaft und der Musik transzendiert. Fast alle singen, denn fast alle sind die Spiegelung Julias, während keine einzige schreibt oder malt, da diese Tätigkeiten ihr fremd waren.

Hoffmann fühlt sich von Julia verraten, und zwar weniger in seiner Liebe zu ihr als in ihrer gemeinsamen Leidenschaft für die Musik. Darauf, Priesterin der Kunst zu sein, hat sie verzichtet und hat die magische Welt der Harmonien verlassen, um in jene der Haushaltssorgen und Apfelmarmeladen überzutreten. Diese Zäsur, diese un-

Szene aus «Nachricht von den neuesten Schicksalen des Hundes Berganza».
Illustration von Theodor Hosemann

durchdringliche Abgrenzung zwischen der Welt der Kunst und Schönheit und jener der materiellen Erfordernisse hat eine ihrer Wurzeln in einem Schillerschen Begriff, nach welchem Idee und Materie unfähig sind, sich gegenseitig zu durchdringen. Sogar die Möglichkeit ihres Nebeneinanders will Schiller leugnen, was eine Deformation und Fehlinterpretation der cartesianischen Lehre ist.

Unwahrscheinlich, daß Hoffmann für die kleine Julia an eine ständige Jungfräulichkeit gedacht habe; vielmehr kann man wohl annehmen, daß er ihr aus großem Herzen verziehen hätte, nicht ihn zu lieben, wenn sie sich einem durch Genie berühmten Komponisten hingegeben hätte. Nicht aber einem Groepel. Wie Prostitution kam es ihm vor, und vielleicht war es auch eine. Darum ist die Liebe, die

Selbstporträt Hoffmanns mit scherzhaften Erklärungen

Hoffmann auch weiterhin noch immer empfindet, nun von dumpfer Ranküne bemakelt, Ranküne, die freilich mit Aufschwüngen des Verzeihens wechselt. Es ist der Grund, warum er sich dazu hinreißen läßt, Julia unter den Zügen seiner Heldinnen zu beschimpfen, doch auch der, warum noch die grausigsten Verbrechen, jene, die sie in seinen Werken begehen, ihnen immer vorausbestimmt sind und ihnen durch die Einwirkung einer kupplerischen Mutter oder durch einen satanischen Meister aufgezwungen werden. Die Novelle, die manchmal *Die Hyänen,* manchmal *Vampirismus* heißt und den *Serapions-Brüdern* einverleibt ist, bietet dafür das beste Beispiel.

Am 10. August 1812 notiert Hoffmann in sein intimes Tagebuch: *Il colpo è fatto! – La Donna è diventa la sposa di questo maledetto asino di mercante e mi pare che tutta la mia vita musicale e poetica è smorzata – bisogna di prender una risoluzione degna d'un uomo come io credo d'esser – quest' era un giorno diabolico.* Und am Tag darauf: *Heitre Stimmung – è gia passato ed io credo che l'immaginazione fa molto.* Drei Tage später: *Ich sehe ein, daß ein großes Fantasma mich täuschte.* Doch diese Resignation ist von kurzer Dauer, denn drei Wochen nach dieser Notiz kommt es zu einem Auftritt. Im Verlauf eines Picknicks, das Frau Marc in Pommersfelden gibt und an dem Julia und der *asino di mercante,* das Ehepaar Kunz und Mischa teilnehmen, öffnet Hoffmann, fürchterlich betrunken, die Schleusen seiner Gefühle, führt sich skandalös auf und beleidigt Groepel, der übrigens ebenfalls betrunken ist, wenn wir dem Tagebuch vom 6. September Glauben schenken dürfen: *Partie nach Pommersfelden – sich ganz erschrecklich besoffen und die infamsten Streiche gemacht. Rücksch Ktch gänzlich dementie gegeb. schimpfend auf den sposo, der so besoffen war, daß er hinstürzte.*

Schon am nächsten Morgen schreibt Hoffmann einen Entschuldigungsbrief an Frau Marc, und es ist kein schöner Brief, denn wenn man ihn mit dem Tagebuch vergleicht, kann man den Verfasser leicht der Lüge überführen. Wenn er aber lügt, dann nicht aus gesellschaftlicher Rücksicht, sondern ganz allein, weil er fürchtet, sich der Gegenwart Julias vorzeitig beraubt zu haben. *Auf eine mir selbst unbegreifliche Weise bin ich gestern mit e i n e m gewaltsamen Ruck nicht berauscht worden – nein – in einen völlig wahnsinnigen Zustand geraten, so daß die letzte halbe Stunde in P. wie ein böser schwerer Traum hinter mir liegt. – Nur der Gedanke, daß man Wahnsinnige in ihren wütendsten Ausbrüchen nur bemitleiden, ihnen das Böse, was sie in diesem Zustande tun aber nicht zurechnen kann, läßt mich hoffen, daß Sie mir alles wahrhaft impertinente, was ich wie meine Frau und Herr K. mir leider versicherten, geradebrecht habe (denn reden konnte ich nicht sonderlich) nach Ihrer mir so oft bewiesenen Güte mit Bonhommie verzeihen werden! – Sie haben gewiß keinen Begriff von dem tiefen innigen Schmerz, den ich über meine gestrige Tollheit empfinde – ich büße dafür dadurch, daß ich mich des Vergnügens Sie und Ihre Familie zu sehen so lange beraube, bis ich Ihrer gütigen Verzeihung gewiß bin!*

Er kriecht und erniedrigt sich bis zum Eingeständnis jenes Wahnsinns, den er so sehr fürchtet, er fleht um Verzeihung und vor allem darum, zurückgerufen zu werden. Dieses Billett ist in dem Leben eines so stolzen und auch so freimütigen Mannes eine Merkwürdigkeit. Seine Leidenschaft allein hat ihm diese arme List eingegeben, ebenso wie sie ihn am Abend vorher zum Skandal getrieben und alle Schranken durchbrochen hatte, die ein Mann von Welt sich setzt. Obwohl der Vorfall kaum entschuldbar bleibt, verzeiht Frau Marc schließlich und willigt ein, ihn wieder zu empfangen, nachdem sie ihm ihr Haus für mehrere Wochen verboten hatte. Er sieht Julia wieder, doch *senza exaltatione* oder auch *mit der größten Gleichgültigkeit*. Warum notiert er dann aber, daß er zum letztenmal mit ihr getanzt hat? Am 3. Dezember schreibt er, als sie sich verheiratet: *Die alberne Periode Rücksichts Ktch ist ganz vorüber.* Einige Tage später sagt er ihr Adieu *pour jamais* und sie fährt nach Hamburg in Begleitung ihres Mannes. Hoffmann hat ehrlich mit sich selbst gekämpft. Er geht nicht als Sieger hervor und für einige Zeit noch überziehen die Initialen des Käthchens von Heilbronn die Seiten seines intimen Tagebuchs.

28. Dezember 1812
Unterschiedliche Erinnerung an Ktch.

30. Dezember
Es stellen sich sonderbare fantastische Rückfälle Rücksichts Ktch ein.

16. Januar 1813
Sonderbar ist es, daß gleichsam die Farbe aus dem Leben geschwunden und es scheint tiefer eingegangen zu sein als es mir selbst dachte — Ktch Ktch.

28. Januar
Beständige Reminiscenzen an Ktch.

Und am 4. März 1813 notiert er auf deutsch, aber mit griechischen Buchstaben:

Die einzige Nachricht, daß Ktch schwanger — traf mich wie ein Schlag.

Es ist das letzte Mal, daß er sie in seinem Tagebuch erwähnt. Er leidet wortlos. *Mi lagnerò tacendo della mia sorte amara.* Später, sehr viel später wird er, einige Monate vor seinem eigenen Tod, von Berlin aus an seinen Freund Dr. Speyer schreiben:

Fanny Tarnow (die bekannte Schriftstellerin) erzählte mir von Hamburg kommend, daß Julie von ihrem Mann geschieden und nach Bamberg zurückgekehrt sei. — Das wäre nun an und vor sich nicht so was außerordentliches, aber die Schilderung von Juliens Verhältnissen in H., der namenlosen Leiden die sie erduldet, der zuletzt schamlos ausgesprochenen Bestialität des verhaßten Schwächlings, die war es, die mein ganzes Inneres aufregte. Denn schwer fiel es in meine Seele wie tief die Ahnung alles Entsetzlichen damals aus mei-

nem eignen Ich aufgestiegen, wie ich mit der Rücksichtlosigkeit, ich möchte sagen mit dem glühenden Zorn eines seltsamen Wahnsinns alles laut werden ließ, was in mir hätte schweigen sollen! – wie ich in dem Schmerz eigner Verletzung andere zu verletzen strebte! – Und nun! –

Sie können denken, daß ich viel mit F. Tarnow über J sprach, leider nahm ich aber deutlich wahr, was sie verschleiern wollte, nämlich, daß der bittre Hohn des mißverstandenen Lebens, die Schmach vergeudeter Jugend, Juliens inneres Wesen auf das grausamste zerstört hat. Sie soll nicht mehr sanft – mild – kindlich sein! – Vielleicht ändert sich das, nachdem sie den Kirchhof voll zerknickter Blüten, begrabener Lebenslust und Hoffnung verlassen.

Finden Sie es geraten und tunlichst meinen Namen in der Familie M. zu nennen oder überhaupt von mir zu reden, so sagen Sie in einem Augenblick des heitern Sonnenscheins Julien, daß ihr Andenken in mir lebt – darf man das nämlich nur Andenken nennen, wovon das Innere erfüllt ist, was im geheimnisvollen Regen des höheren Geistes uns die schönen Träume bringt von dem Entzücken, dem Glück, das keine Ärme von Fleisch und Bein zu erfassen, festzuhalten vermögen – Sagen Sie ihr, daß das Engelsbild aller Herzensgüte, aller Himmelsanmut wahrhaft weiblichen Sinns, kindlicher Tugend, das mir aufstrahlte in jener Unglückszeit acherontischer Finsternis, mich nicht verlassen kann beim letzten Hauch des Lebens, ja das dann erst die entfesselte Psyche jenes Wesen das ihre Sehnsucht war, ihre Hoffnung und ihr Trost, recht erschauen wird, im wahrhaftigen Sein!

Und weil er nicht länger in diesem Ton exzessiver Lyrik fortzufahren vermag, bittet Hoffmann ein paar Zeilen später seinen Korrespondenten, ihm zu schreiben, ob ein gewisser Sutow sich noch immer seiner Mütze als Nachttopf bedient, ob der Dr. Ziegler sich im letzten Karneval wieder als Don Juan verkleidet habe, *ob die alte Kauer noch als gespenstisches Bettelweib von Locarno die Zimmer durchschlarrend, die Gäste ängstigt?* Da haben wir wieder den kaustischen, nervösen und witzigen Hoffmann, der anfangs des Jahres 1812 die Xenien über die Schauspieler des Bamberger Theaters schrieb. Es gibt zweiunddreißig davon und es läßt sich schwer entscheiden, welche die bissigste ist.

Schwach ist dein Stimmchen, mein Schatz; so reich' uns die stattliche Nase!
Dich zu hören bequem, sitzen gesellig wir drauf.

Der unverbesserliche Spötter hat den durchdringenden Blick, Stil und ein Leberleiden.

Seit Julias Heirat denkt Hoffmann daran, Bamberg zu verlassen, zum
Teil, weil er sich von einem Ort entfernen will, wo er auf Schritt und
Tritt an seine schmerzliche Niederlage erinnert wird, zum Teil aber
auch, weil er versuchen möchte, seine alles weniger als glänzend gewordene Stellung zu verbessern. Er ist fast immer ohne Geld, was
übrigens weniger die Folge allzu geringer Einkünfte, als vielmehr
der Leichtigkeit ist, mit der er schwer verdientes Geld springen läßt,
sobald es ihm in die Hände fällt. Niemand ist freigebiger und ver-
schwenderischer als er, wenn er nach Tagen wirklicher Not in den
Besitz längst erwarteter Honorare kommt, was ihm endlich erlaubt,
seine Freunde nach seinem Geschmack zu bewirten. Und sein Geschmack ist der eines Edelmanns.

Das Jahr 1812 ist gleichzeitig das seiner Liebesenttäuschung und
seiner geldlichen Katastrophe. Schon im Laufe des Sommers hat er
nach dem Weggang Franz von Holbeins das Bamberger Theater verlassen. Mit der schönen Madame Renner hat Holbein auch die Bühnenmusik entführt, die Ernst für «Aurora und Cephalus» komponiert hat. Hoffmann bleibt nur übrig, von dem Ertrag seiner Kritiken
und von seinen Musikstunden zu leben. Im November 1812 macht
er einen Sprung nach Würzburg, um zu sehen, ob er von Holbein an
das Theater dieser Stadt folgen kann. Der Versuch scheitert.

Inzwischen hat Hitzig sich für seinen Freund verwandt. Er schlägt
ihm vor, nach einem Text von la Motte Fouqué, den Hoffmann sehr
bewundert, die Oper *Undine* zu schreiben. Doch Hoffmann zögert,
glaubt der Aufgabe nicht gewachsen zu sein, geht schließlich darauf
ein, bangt jedoch bei dem Gedanken, das Libretto in Versen schreiben
zu müssen. In einem langen Brief eröffnet er sich Hitzig ganz naiv
und schlägt vor, die Versifikation der *Undine* nach dem einfachen
Plan ausführen zu lassen, den er entwerfen wird, wobei er sich verpflichtet, dem damit beauftragten Dichter nicht dreinzureden. Hitzig
spöttelt und beharrt. Da gibt Hoffmann entzückt nach und schreibt
sofort einen enthusiastischen Brief an den Baron de la Motte Fouqué,
worin er auch bittet, daß man ihm so rasch wie möglich den Text
schicke, denn er hat die Absicht, sofort mit dem Komponieren zu beginnen. Trotzdem wird *Undine* erst 1816 in Berlin die Uraufführung
erleben, nachdem Hoffmann mit häufigen Unterbrechungen an dieser
Oper gearbeitet hat.

Am 17. März 1813 erhält Hoffmann den Vertrag, durch den Joseph
Seconda, der Direktor des Leipziger Theaters, ihn endgültig als Kapellmeister verpflichtet. Am Tag darauf unterzeichnet er einen Vertrag mit Kunz über die Veröffentlichung des ersten Teils der *Fantasie-*

Der Verleger Carl Friedrich Kunz mit seiner Familie.
Gouache von Hoffmann, Februar 1813

stücke in Callot's Manier. Die Originalausgabe, die im April 1814
in Bamberg erscheint, umfaßt nach einem Vorwort von Jean Paul
eine kurze Abhandlung über Jacques Callot, dann *Ritter Gluck*, die
sechs ersten *Kreisleriana, das heißt Johannes Kreisler's, des Kapellmeisters, musikalische Leiden; Ombra adorata! Höchst zerstreute
Gedanken; Gedanken über den hohen Werth der Musik; Beethovens
Instrumental-Musik; Der vollkommene Maschinist* und *Don Juan.*
Hoffmann fügt außerdem Nachricht *von den neuesten Schicksalen des Hundes Berganza* hinzu, also alles, was damals fertig ist.

Im April reisen Hoffmann und seine Frau nach Dresden ab, wo Joseph Seconda sie abholen soll. Seit Julia Bamberg verlassen hat, bindet den Dichter nichts an diese Stadt, außer der allzu schmerzlichen Erinnerung. Abzureisen bedeutet für ihn etwas wie eine Bestätigung der Grundlagen seiner Freiheit, und Freiheit heißt auch soviel wie Einsamkeit. Vielleicht fühlt er sich heimlich erleichtert, vielleicht empfindet er das zwiespältige Glück, die verschämte und glühende Freude dessen, der die Taue kappt und für immer das, was ihm lieb war, einbüßt? Drei Monate später wird er übrigens an seinen Freund Dr. Speyer schreiben:

So war ich doch im Innersten überzeugt, um nicht auf immer verloren zu sein, Bamberg so schnell als möglich verlassen zu müssen. Erinnern Sie sich nur lebhaft an mein Leben in Bamberg vom ersten Augenblicke meiner Ankunft, und Sie werden gestehen, daß alles wie eine feindliche dämonische Kraft wirkte, mich von der Tendenz — oder besser von der Kunst, der ich nun einmal mein ganzes Dasein, mein Ich, in allem Regen und Bestreben geweiht habe, gewaltsam wegzureißen.

Julia hätte ihn aus seiner inneren Betrachtung entführen, die Liebe ihn von seinem Werk ablenken können. Sicherlich, er hat sie geliebt, liebt sie zweifellos noch immer, doch der Imaginative ist seiner Gefühle niemals gewiß. Wie soll man wissen, da er selbst es nicht einmal zu wissen vermöchte, inwieweit das, was man gemeinhin das Herz zu nennen pflegt, an dem teilhat, was er für Julia empfindet, an der Verbundenheit, die er für seine Freunde hegt, und die ihn an Mischa fesselt? Vielleicht ist alles, was das Leben erträglich macht, eine echte, dauerhafte Liebe, inneres Gleichgewicht, Versöhntheit mit den anderen und mit sich selbst, vielleicht ist all das nur denen gegeben, die nicht die Gunst der Chimäre besitzen? Denn wenn sie für all diese Güter entschädigt, schließt sie sie vielleicht auch aus. Es gibt eine Art der Phantasie, die so gewaltige Freuden schenkt und so seltsame Gesichte mit sich bringt, daß es von einer fatalen Unbescheidenheit wäre, zu hoffen, man könne sie besitzen und dazu auch noch «alles übrige». Der Imaginative genügt sich selbst. Er ist das Universum. Ist man denn so sicher, daß er nicht sein eigenes Bild allein nur liebt, vom Kristall, der es widerspiegelt, verwandelt und verzerrt, ein Antlitz, das ihm aus dem Reflex der trüben Spiegel entgegenstarrt und in dem er sich nicht wiedererkennt?

Wenn Hoffmann auch versucht hat, den Kristall zu zerbrechen, so ist es ihm doch nicht gelungen, einen Liebesdialog zu führen; es blieb beim Monolog. Vergeblich hat er versucht, das Schicksal zu zwingen.

Titel-Vignette für die «Fantasiestücke», von Hoffmann entworfen

Fantasiestücke

in Callot's Manier.

Blätter aus dem Tagebuche
eines reisenden Enthusiasten.

Mit einer Vorrede von Jean Paul.

Bamberg, 1814.
Neues Leseinstitut von C. F. Kunz.

Hoffmann ist impulsiv und liebt es, die Richtung seines Lebens im rechten Winkel zu ändern. Aufs Unvorhergesehene ist er versessen wie alle, die ahnen, daß sie die Kutsche des Lebensglücks verpaßt haben, und die heimlich hoffen, sie in der Kalesche des Teufels noch einzuholen. Zur Zeit rollt er im betäubenden Rattern einer Postchaise durch brachliegende Felder und niedergebrannte Dörfer nach Dresden. Alle Augenblick wird sie von Patrouillen angehalten, die die Pässe kontrollieren. Man begegnet Trupps von Kosaken und von preußischen Husaren. Je näher man dem Ziel kommt, desto mehr beleben sich die Straßen und bald wird es ein Defilieren von allen Arten von Trainfahrzeugen, von Batterien, von Kalmücken-Eskadrons mit ihren langmähnigen kleinen Pferden. Vom Zimmer des Gasthauses aus, wo Mischa und er haltgemacht haben, hört Hoffmann sie in der ganzen Nacht vorüberkommen: *Das Gemurmel, die einzelnen Rufe in der fremden Sprache hatten was Schaueriges.* Er fühlt, wie gefährlich die Lage ist, und hat Angst. Die schweren Munitionswagen drohen häufig die Postkutsche einzudrücken, der Kutscher flucht und steigert seine Preise, Futter für die Pferde ist teuer und rar. So daß das Paar fast kein Geld mehr hat, als sie endlich in dem zu Ehren des Zars Alexander und des Königs Friedrich Wilhelm illuminierten Dresden ankommen. Joseph Seconda ist nach Leipzig abgereist. Hoffmann schreibt dem Verleger Härtel in Leipzig und bittet um eine sofortige Überweisung des Honorars für seine Musikkritiken.

Unmöglich kann ich Ew. Wohlgeboren meinen Schreck beschreiben, als ich nach einer kostspieligen gefahrvollen Reise, die ich kontraktmäßig unternahm, Hrn. Seconda hier nicht vorfand. Und er fügt einen Brief an den letzteren bei, worin er ihn bittet, ihm die Reisespesen zu ersetzen und ihm einen Vorschuß zu gewähren, denn er ist in der größten Verlegenheit.

Er hat jedoch die gute Überraschung, unvermutet seinem Freund Hippel zu begegnen, der sich im Gefolge des Kanzlers Hardenberg, seines Vetters, gerade in Dresden aufhält. Übrigens ist Hippel es, der den Aufruf Friedrich Wilhelms «An mein Volk» verfaßt hat, worin zum Aufstand gegen den Eroberer und zum Befreiungskrieg aufgerufen wird.

Die Rückkehr Secondas ließ auf sich warten, und da der Aufenthalt im Gasthaus Hoffmanns letzte Mittel aufgezehrt hat, mietet er sich mit Mischa in einem möblierten Kämmerchen ein, einer Künstlermansarde im vierten Stock eines Hauses am Alten Markt. Endlich findet er am 30. April auf seinem Tisch eine Tratte über 70 Thaler und einen Brief Secondas, der ihn bittet, nach Leipzig zu kommen. Zu spät. Die Stadt ist durch die Ankunft der Franzosen blockiert. Die

Kanonade dröhnt, die Brücken stehen in Flammen und die Schiffe treiben brennend die Elbe hinab.

Das zivile Leben geht jedoch weiter und es gibt sogar noch Konzerte. So geht Hoffmann «Il matrimonio segreto» hören, auf die Gefahr hin, im Kugelregen aus dem Theater zurückzukommen. Eine Kugel prallt auf dem Stulpen seines Stiefels auf, und der Dichter kommt noch ziemlich billig mit einer leichten Prellung davon. Alles wird sehr beschwerlich, in den Straßen der Stadt finden Kämpfe statt, Dresden gleicht mehr und mehr einer Festung, in der die Verpflegung äußerst fragwürdig wird. Erst am 20. Mai ist die Landstraße wieder befahrbar, und Hoffmann kann Dresden verlassen, um nach Leipzig zu kommen.

Die Diligence, die ihn und seine Frau dorthin bringt, ist über-

Hoffmann lädt seinen Freund Friedrich Rochlitz «Zu einer Pfeife Tabak und einem Glas Punsch» ein (Brief vom 3. März 1813)

füllt: französische Offiziere, Leipziger Kaufleute, ein junger deutscher Graf nebst seiner jungen Frau. Bei Meißen kippt der Postwagen in einen Graben, und aus den Trümmern werden die junge Gräfin als scheußlich verstümmelte Leiche und Mischa blutüberströmt gezogen. Hoffmann ist außer sich, es gelingt ihm, Mischa auf einer Wiese niederzulegen und zum Leben zurückzurufen. Sie hat eine tiefe Kopfwunde, doch der herbeigerufene Chirurg erklärt im Gasthaus, wohin man Mischa gebracht hat, sie sei außer Gefahr. Nach seinem intimen Tagebuch fühlt man, in welchem Maß Hoffmann für seine Gefährtin gezittert hat und wie erleichtert er ist, sie gerettet zu wissen. Von diesem schrecklichen Unfall wird sie bis ans Ende ihrer Tage eine tiefe Narbe auf der Stirn davontragen, und der Dichter wird davon eine nicht weniger unvergängliche seelische Erschütterung bewahren.

Doch mutig steigen sie wieder in eine dieser Diligencen ein, die trotz ihrer Gefährlichkeit so langsam sind, daß Chamisso sagte, sie seien überhaupt nur in Betrieb genommen worden, um den Botanikern während der Reise das Herborisieren zu erlauben.

Am 23. Mai kommen Hoffmann und seine Frau in Leipzig an, wo Seconda sie sehr gut empfängt und wo sie endlich die persönliche Bekanntschaft von Rochlitz machen.

«Oberon» und «Figaro» stehen auf dem Programm des Stadttheaters. Leider auch «Aschenbrödel» und «Die Vestalin».

Außer für die Proben, die Vorstellungen und die Spaziergänge mit

Mischa verläßt Hoffmann kaum seinen Arbeitstisch, denn ohne darum seine musikalischen Kritiken zu unterbrechen, hat er die Niederschrift von *Der Magnetiseur* begonnen, der die Reihe des zweiten Bandes *Fantasiestücke in Callot's Manier* eröffnen soll. Um diese Zeit schreibt er vermutlich auch *Der Freund*, eine Skizze von wenigen Seiten in Gestalt eines Briefes an Theodor (Hippel), die eine Begegnung mit einem sehr sonderbaren Narren schildert. Diese Arbeit ist zum erstenmal erst 1903 veröffentlicht worden.

Bald muß man auch Leipzig verlassen, wo der Belagerungszustand erklärt worden ist. Seconda hat beschlossen, wieder nach Dresden zurückzukehren, wo er zum Glück die Erlaubnis erhalten hat, das Theater, das er während einiger Wochen hatte schließen müssen, wiederzueröffnen. In einem elenden Leiterwagen müssen Hoffmann und Mischa die Reise machen, die diesmal nicht tragisch, sondern burlesk ist. Das Fahrzeug hat eine extravagante Form und enthält unter seinem Plandach *einen Theaterfrisör, zwei Theater-Gehülfen, fünf Mägde, neun Kinder, worunter zwei neugeborene und drei annoch säugende; einen Papagoy, der unaufhörlich und sehr passend schimpfte, fünf Hunde, worunter drei abgelebte Möpse, vier Meerschweinchen und ein Eichhorn.*

Hoffmann bezieht vor dem Schwarzen Tor von Dresden ein kleines Haus an der Allee, die zum Linkschen Bade führt. Die von wildem Wein umrahmten Fenster öffnen sich vor einer herrlichen Aussicht, und in dem Garten, von dem man ins Elbtal hinabsieht, vergleicht der Dichter sich in seinem ganz abgeschabten Mantel, die Pfeife wie immer zwischen den Lippen, *à un homme de qualité qui se retiroit du monde* (Brief an Kunz vom 20. Juli 1813).

Er fühlt sich wohl. Der lange Fußmarsch, zu dem er gezwungen ist, wenn er sich ins Stadtzentrum begeben will, stählt und kräftigt ihn, und häufig kommt es vor, daß er in einer der zwischen den Weinbergen liegenden Schankwirtschaften einkehrt, die malerische

Bello Sguardo.   Couiello.

Aus den «Tänzen» von Jacques Callot

Namen tragen wie zum Beispiel «Die bretterne Saloppe», oder er
macht auch halt in einem der italienischen Gasthäuser an der Peter-
straße, jenen kleinen Kellerlokalen, in denen man Salami mit Oli-
ven und Kapern zum Valpolicella vorgesetzt bekommt. Ein Italien
zweiter Hand sozusagen. Leider kann er nicht so häufig dorthin gehen, wie er möchte, denn seine materielle Lage bleibt weiterhin
schwierig, die Taschen sind häufig leer, und die Anspielungen auf
diesen Tatbestand kehren ständig in den Linien seines intimen Tagebuchs wieder.

Er arbeitet viel, füllt viele Hefte mit seiner kleinen, klaren, run-
den Schrift; die musikalische Komposition der *Undine* macht Fort-
schritte, er zeichnet Vignetten für die Ausgabe seiner *Fantasiestük-
ke*, schreibt eine lange Kritik über «Egmont» von Beethoven, die
eher schon ein Essay ist, und führt einen ausgedehnten Briefwechsel.
Am häufigsten schreibt er seinem Verleger Kunz, um die Veröffentlichung des ersten Bandes der *Fantasiestücke in Callot's Manier* in
die Wege zu leiten und einen zweiten Band vorzubereiten. Es wird
beschlossen, in diesen zweiten Band *Berganza* aufzunehmen und
nicht im ersten, wie es ursprünglich vorgesehen war. Streitigkeiten
zwischen Kunz und Hoffmann, der mit Recht gegen gewisse Mani-

pulationen protestiert, denen das Manuskript im Verlag unterzogen worden ist. Er ist vor allem darüber empört, Beifügungen zu entdekken, die noch schwerer wiegen als Streichungen; er weigert sich, mit seinem Namen zu decken, was er nicht selbst geschrieben hat, und erreicht endlich, daß seine Forderungen erfüllt werden. All das kostet Zeit und zerrt an den Nerven des Dichters, der kränker als jemals ist. Das schlechte Essen und Epidemien, wie sie zu jedem Krieg gehören, verursachen eine Dysenterie, die ihn ungeheuer schwächt. Unter solchen ungünstigen Umständen arbeitet er an seiner Erzählung *Der Magnetiseur*; vor seiner Abreise nach Leipzig hat er sie unter dem provisorischen Titel *Träume sind Schäume* begonnen. Die Eingebung ist ihm vielleicht bei einer Begegnung gekommen, die Dr. Speyer ihm in Bamberg mit einer Somnambulen verschafft hatte, vielleicht aber auch einfach nur auf Grund dessen, daß der tierische Magnetismus gegen Ende des 18. Jahrhunderts sehr in Mode war. In die Irre geführt durch den romantischen Haarschopf und den Vatermörder, die nur zufällig und nebensächlich sind, vergißt man nur gar zu leicht, daß Hoffmann auch ein Mensch des 18. Jahrhunderts ist, und das Klischee fälscht dann sein wirkliches Bild.

Fest steht, daß er sich gut über die magnetischen Phänomene dokumentiert hat, ehe er mit der Niederschrift von *Träume sind Schäu-*

Hoffmann und sein Verleger Kunz. Stich nach einer Zeichnung Hoffmanns

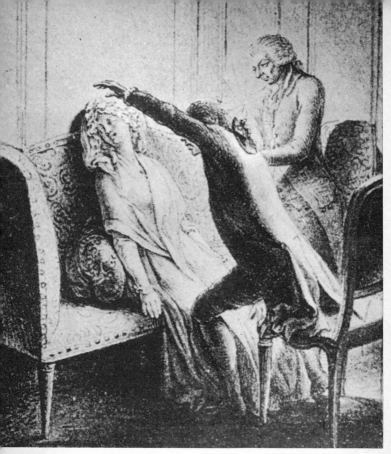

Ein Magnetiseur. Zeichnung von Daniel Chodowiecki

me beginnt. Er hat Mesmer, Kluge, Nudow, Puységur und Barbarin gelesen, denn es lag damals in der Luft, doch auch weil er glaubt, es ginge ihn ganz besonders an. Hoffmann hat nicht nur ein sehr lebhaftes Traumleben, oft kommt es auch vor, daß ihm Wachträume erscheinen, er hat oft Vorahnungen und Gesichte. Als Sohn einer hysterischen Mutter und eines Trinkers, selbst Trinker, hat er ein ständig überreiztes Nervensystem, vielleicht ist es auch durch die Spyrochäta pallida angegriffen. Es gibt zwar keine Beweise dafür, doch die Annahme ist äußerst wahrscheinlich und durch nichts widerlegt. Hoffmann ist im Genuß des zweiten Lebens, das einsetzt, wenn die Lampen erlöschen; spontan dringt er in jene Welt ein, in die manche nur durch die Pforte der künstlichen Paradiese eintreten können, die einige Menschen aber ohne weiteres wiederfinden, sobald sie den Kopf auf das Kopfkissen legen. In den *Kreisleriana* spricht er übrigens von dem *Zustand des Delirierens, der dem Einschlafen vorhergeht.* Beim echten Träumer beginnt das Traumleben schon vor den ersten Augenblicken des Schlafs, von dem Moment an, in dem die Gedanken sich derationalisieren, das Bild autonom wird und sich außerhalb der Kontrolle durch das Bewußtsein entwickelt, während der Träumer noch das warme Gewicht der Decken und die Lage seines Leibes verspürt, aber doch schon träumt. Die beiden Lebensebenen überlagern sich in der Art zweier Zeichnungen auf Pauspapier, deren Linien sich treffen, kreuzen und trennen. Die reale Welt läßt die irreale durchscheinen und an jedem Schnittpunkt ihrer verschiedenen Linien, bei jedem Berührungspunkt ihrer jeweiligen Kurven ist Raum für das Wunder, die Metamorphose, das Unerwartete. Der Traum hat eine hervorragende Rolle beim Entstehen des Hoffmannschen Werkes gespielt.

PORTRÄT EINES AMORALISCHEN MENSCHEN

Das Leben in Dresden wird unerträglich, da sich hier Franzosen und Russen erbitterte Kämpfe liefern und das Bombardement keinen Augenblick schweigt. Von der Höhe des Hopfgartens aus beobachtet Hoffmann von weitem die Schlacht: *Entsetzlicher Anblick, zerschmetterte Köpfe ... Unvergeßliche Eindrücke – Was ich so oft im Traume gesehn ist mir erfüllt worden – auf furchtbare Weise – Verstümmelte zerrissene Menschen!!* Der Himmel ist von Feuer gerötet. Dreimal sieht Hoffmann Napoleon *auf dem falben kleinen Pferde, auf dem er gekommen.* Und als er ihm von Angesicht zu Angesicht auf der Elbbrücke begegnet, gibt er uns davon mit einigen Worten weniger als ein Bild, eine Momentaufnahme: *Dem Kaiser begegnet mit einem furchtbaren Tyrannenblick. «Voyons» brüllte er mit einer Löwenstimme dem Adjutanten zu – mit Lebensgefahr die Brücke passiert.*

Seine Neugier ist stärker als seine Furcht; er würde sich die Schlacht etwas mehr aus der Nähe ansehen, verzichtet aber dann doch darauf, *aus Besorgnis Verwundete herumtragen zu müssen.* Ich habe bereits gesagt, daß Hoffmann der Anti-Tartuffe par excellence ist. Er ist ein freier Mensch und haßt den Krieg, vor allem, weil er ihm seine Bequemlichkeit und seine Ruhe raubt, eine verständliche Reaktion bei jemandem, dem die Absurdität der historischen Ereignisse bewußt ist. Es ist nicht die Rede davon, hier ein Plädoyer dessen zu geben, was Dummköpfe und Exaltierte den Egoismus nennen, doch jeder

Napoleon, 1807. Lithographie nach Raffet

Mensch hat das gute Recht, seinen Ekel vor dem Blut einzugestehen, einen Ekel, der übrigens angeboren, unfreiwillig und völlig unüberwindlich ist. Hoffmann ist weder ein Moralist noch das, was man überhaupt einen moralischen Menschen nennt; er nimmt allerdings auch der landläufigen Ethik gegenüber nicht die Stellung eines Antagonisten ein, er will weder bekehren noch reformieren. Über den Tagesereignissen stehend, ist er völlig frei von Vorurteilen, weiß, was die Tabus wert sind, und ist für jede Massenideologie und für die Grausamkeit, die sie häufig kennzeichnet, gänzlich unzugänglich. Er läßt sich damit nicht ein. Denn wenn man Briefe, Artikel und Dokumente aus den Befreiungskriegen liest, ist man über den verzweifelten Nationalismus, der darin vorherrscht, betroffen. Selbst ein Schriftsteller wie Heinrich von Kleist hat sich nicht gescheut, sich mit der Abfassung von Dummheiten zu erniedrigen. Bei Hoffmann sucht man solche Zeilen vergeblich; er ist einer der Wenigen, die sich von jeder patriotischen Exaltiertheit frei gehalten haben. Ebenso ist er frei von jeder dogmatischen Bindung.

Wenn man in seinen Werken, namentlich in den *Elixieren des Teufels*, häufig den Begriffen Himmel und Hölle begegnet, so verbindet er mit diesen Worten einen von ihm selbst festgelegten Sinn, wie wir es bereits bei dem Terminus Engel gesehen haben. Die Hölle ist alles, was von dem entfernt, das von Novalis «der harmonische Gesang der Welt» genannt wird, also von der Weltseele, mit welcher Fichte das sublimierte «Ich» in völligen Einklang setzt. Man könnte die Behauptung aufzustellen wagen, Hoffmanns Gesamtwerk ließe in seinem Tenor sich in der Schilderung der grotesken oder schrecklichen Ereignisse resümieren, die unter den Schritten dessen aufsprießen, der diesen «Gesang der Welt» wahrzunehmen versucht, und in der Beschwörung der Fallstricke, die jedem drohen, der nur in einer einzigen Linie von der Bahn, die er sich vorgenommen hat, abweicht.

Schillers Forderung des Theaters als einer moralischen Anstalt lehnt er ab, denn er ist überzeugt davon, daß die Kunst rein ästhetisch und darum die einzige Kraft sei, die den Menschen mit dem Göttlichen zu vereinen vermag. Das göttliche Prinzip, in dem Sinn, in dem Novalis es begreift, das heißt also das große kosmische All, schwebt auch Hoffmann vor. So in *Berganza: Es gibt keinen höheren Zweck der Kunst, als in dem Menschen diejenige Lust zu entzünden, welche sein ganzes Wesen von aller irdischen Qual, von allem niederbeugenden Druck des Alltagslebens wie von unsaubern Schlacken befreit und ihn so erhebt, daß er, sein Haupt stolz und froh emporrichtend, das Göttliche schaut, ja mit ihm in Berührung kommt.*

Hoffmann ist also nicht ein Materialist im philosophischen Sinn des Wortes, aber seine innere Welt ist ausgefüllt und hat keinen Platz für das, was man konventionelle Religion oder angewandte Mystik nennen könnte, wie immer sie auch beschaffen seien.

Diese Freiheit erlaubt ihm, die Weltgeschichte unter einem Gesichtswinkel zu betrachten, der es ihm verbietet, die Augen davor zu verschließen, daß es nicht eine einzige aktive Gruppe gegeben hat, die nicht Grausamkeiten begangen und unrecht getan habe. Das stößt ihn ab, und außerdem interessiert ihn das Schicksal Deutschlands nur insoweit, als es mit seinem eigenen individuellen Schicksal verknüpft ist.

Ohne Moral führt Hoffmann sich darum doch nicht als ein Mensch ohne Ethik auf. Das heißt, er gehört zu jenen, für die die Lauterkeit des Betragens nicht Ausdruck von etwas Gefühltem, sondern von etwas Gedachtem ist. (Und wir werden sehen, daß er seine Lauterkeit mit viel Eleganz bei der berühmten Affäre der Demagogenschnüffelei, die das Ende seines Lebens trübte, bewiesen hat.) Der ästhetische Mensch, wenn man ihn so im Gegensatz zum ethischen Menschen nennen kann, empfindet eine spontane Regung der Seele nur im Kontakt mit dem, was schön ist, und bewahrt sein Herz für einige seltene erwählte Freunde und für Tiere. Dieser Umstand hindert jedoch keineswegs, daß er durchaus dazu fähig ist, verstandesmäßig die Notwendigkeit übrigens gratis geübter moralischer Eleganz der menschlichen Gemeinschaft gegenüber anzuerkennen, deren Glied er nolens volens ist, und daß er in sich Disziplin genug besitzt, danach zu handeln. Er kann also um Gerechtigkeit kämpfen, selbst wenn ihn die Ungerechtigkeit im tiefsten Innern nicht außer Fassung bringt, er kann für die Verwirklichung des Humanistenideals wirken, selbst wenn er von der Gemeinheit der Majorität der Menschen überzeugt ist. Wenn ihm die Reinheit eines Tons und die Seltenheit einer Nuance zu Herzen gehen können, ist es seine eigene Angelegenheit.

Dagegen haben jene, die unfreiwillig und ganz natürlich dazu neigen, sich für andere aufzuopfern, ohne nachzudenken und ohne daß es sie innere Überwindung kostet, da sie dazu unwillkürlich wie zum Atmen gezwungen sind, sie haben meist ein Auge, dem die Sensualität abgeht, einen Geruchssinn, der wenig entwickelt ist, und eine unempfindsame Haut. Man denke etwa an die Ergebenheit von Leuten, die zwar asketisch genug sind, den Eiter und die Exkremente von Kranken zu säubern, doch auch jenes Sinnes ermangeln, der zur Auflehnung gegen eine verbrecherische Autorität treibt, so daß sie ohne weiteres die Todesspritze zu geben vermögen. Hoffmann hat als ästhetischer Mensch – wie übrigens viele von denen, die zu dieser begrenzten Brüderschaft gehö-

Gérard de Nerval.
Fotografie von Nadar

ren – den Stolz, sich würdig zu benehmen. Durch die Aufrichtigkeit, mit der er sich enthüllt, gibt er den Beweis für eine Charaktergröße, die uns an die eines Montaigne und eines André Gide erinnert. Wie sie ist er zu sehr Patrizier, um sich zu Heuchelei herbeizulassen; er ist nicht naiv genug, um Enthusiast sein zu können.

Trotz dem mannigfachen lauten Getöse, das Napoleon verursacht, gelingt es Hoffmann doch, wieder einige stille Stunden zu finden, um die Niederschrift seiner *Höchst zerstreuten Gedanken* zu Ende zu bringen, die 1814 in der «Zeitung für die elegante Welt» veröffentlicht werden; auch seinen als Dialog verfaßten

Novalis. Stich von Eduard Eichens

Essay *Der Dichter und der Componist* schließt er ab; diese Arbeit erscheint zuerst in der «Allgemeinen Musikalischen Zeitung» und wird später in die *Serapions-Brüder* aufgenommen. Er notiert auch *Die Vision auf dem Schlachtfeld bei Dresden,* die eine seiner schwächsten Arbeiten ist. Während dieser Zeit entsteht in seiner Phantasie eine Erzählung, zu der er die großen Linien im August 1813 konzipiert hat, die aber erst im Laufe des Winters ihren Abschluß finden wird. Sie ist wohl das Beste, was er geschrieben hat, und sicherlich eines der schönsten Prosastücke der deutschen Literatur des 19. Jahrhunderts: *Der goldne Topf.*

Noch bevor er damit fertig ist, schreibt Hoffmann: *Ich habe nichts besseres gemacht,* und später wird er voll Melancholie anmerken: *Ich schreibe keinen goldenen Topf mehr!* Hier haben wir die Hoffmannsche Erzählung par excellence. Aber verkehrt wäre es dennoch, wollte man sie isoliert lesen, ohne die Möglichkeit, sie mit anderen Texten des Dichters zu vergleichen und sie von ihnen abzusetzen. Ein dichterisches Werk kann man nur beurteilen, wenn man es in seiner Gesamtheit kennengelernt hat. Doch einen charakteristischen Zug gibt es, den man in fast jeder Erzählung Hoffmanns wiederfindet: seine Geschichten sind mit einem gefrorenen Teich vergleichbar, auf dem alltägliche Menschen Schlittschuh laufen; sie haben ihren Zi-

Die Schlacht bei Dresden am 28. August 1813.
Stich von Bovinet nach Vernet

vilstand, einen Beruf, eine soziale Stellung. Aber das Eis ist so durch-
sichtig, daß man darunter allerlei bizarre Gestalten ahnen kann, die
in smaragdgrünem Abgrund aus der Tiefe aufsteigen, dahingleiten,
verschwinden oder verweilen. Manchmal bricht das Eis ein und einer
der Menschen versinkt.

Die Dualität der Figuren findet ihre Replik in der Dualität des
Ortes, an dem sie sich bewegen, und es kommt vor, daß das Arbeits-
kabinett des Herrn Archivarius Lindhorst sich in einen verwunschenen Palast verwandelt. In diesem Fall kann man sogar auf den Ur-
sprung des Eindrucks zurückgehen, die Entstehung und Entwicklung
verfolgen und die ganze Alchimie erfassen, der ein einfacher, feuer-
vergoldeter, auf einem Empire-Tisch stehender Topf von Hoffmann
unterworfen wird. *In der Mitte des Zimmers ruhte auf drei aus dunkler Bronze gegossenen ägyptischen Löwen eine Porphyrplatte, auf
welcher ein einfacher goldener Topf stand, von dem, als er ihn er-
blickte, Anselmus nun gar nicht mehr die Augen wegwenden konnte.* Wie soll man sich da über den Kampf einer Runkelrübe und eines
schwarzen Federwischs wundern oder darüber, daß der würdige Kon-
rektor Paulmann seine Perücke an die Zimmerdecke wirft oder über
die fatalen magischen Folgen eines gewöhnlichen Tintenkleckses?

Als *Der goldene Topf. Ein Mährchen aus der neuen Zeit* 1814 im
dritten Band der *Fantasiestücke in Callot's Manier* erscheint, gewinnen die Originalität und der unerschöpfliche Schwung Hoffmanns

ihm endgültig das Publikum und die Kritik. Man spricht von ihm, er hat einen Namen. Und er hat auch eine bei Literaten seltene Tugend: Bescheidenheit. Wenn er sich damit amüsiert, à épater le bourgeois, ist es der alte homo ludens, der unverbesserliche Bohemien, das Kind im Manne, die ihn dazu treiben. Doch wenn er auch Grimassen geschnitten hat, so hat er doch niemals posiert und hat sich niemals selbst ernster genommen, als er die übrige Welt nahm. Vor allem ist er viel zu intelligent dazu, den großen romantischen Dichter zu spielen oder das düstere Genie, das jene so gern affektierten, die zwar die Urnen und Trauerweiden besangen, deren Brustübel sie aber immerhin am Leben ließ, bis sie ein patriarchalisches Alter erreichten, nachdem sie wie Holzfäller gefuttert und wie Zentauren geliebt hatten. Krank und ungeliebt, läßt Hoffmann es sich angelegen sein, für seine Freunde einen munteren Gefährten abzugeben; er witzelt über seine Leiden und macht sich über seine schlechte Gesundheit lustig. Sein Genie scheint ihm gar nicht bewußt zu sein; man spürt seine völlige Aufrichtigkeit in der Bewunderung, die er für Dichter hegt, deren Talent zwar groß sein mag, die an ihn aber nicht heranreichen, Fouqué oder Chamisso, der seinerseits sehr wohl die Weite und Mannigfaltigkeit von Hoffmanns Genie wahrnimmt.

Zu seiner Zeit war Hoffmann ein Erfolgsautor, allerdings meistens ohne Geld. Erst einige Jahre nach seinem Tod zog er negative Kritiken und sogar Polemiken auf sich, und wenn Goethe 1827 seinen apollinischen Blick auf die «goldnen Schlänglein» richtete, notierte er mit dem ganzen süffisanten Dünkel dessen, der Sieger im Ringen um das innere Gleichgewicht geblieben ist: «Den goldnen Becher angefangen zu lesen. Bekam mir schlecht.» Gewiß, für Goethe ist Mephistopheles die Verkörperung des Geistes der Finsternis, während es für Hoffmann die Leute mit Dackelfüßen oder mit Spinnenbeinen sind, Schieläugige und Stotterer oder jene, die Ohren wie Fledermausflügel und birnenförmige Bäuche haben; sie legen Zeugnis für das Böse und die Gewalt des Fliegenfürsten ab.

Nodier dagegen fängt derart Feuer, daß er nicht ansteht, Hoffmann mit Shakespeare zu vergleichen, was man immerhin die Maßstäbe verwechseln nennen kann. Balzac ernennt ihn mit seinem Sinn für Qualität und Hierarchie einfach zum «Zauberer aus dem Osten», was eine vorzügliche Bezeichnung für Hoffmann ist. Sir Walter Scott rümpft die Nase und behauptet, er habe die Phantasie eines Opiumessers. Gérard de Nerval, der sich in der deutschen Literatur gut auskennt und der vielleicht mit Ausnahme von Aloysius Bertrand der einzige wirkliche französische Romantiker ist, spricht von Deutschland als dem «Land Goethes, Schillers und Hoffmanns».

Es gibt übrigens eine unleugbare Verwandtschaft zwischen Hoffmann und Nerval, der in «La Main enchantée» die Linie fortzuführen verstand, ohne doch in billigen Epigonismus zu verfallen.

Während die Werke von Edgar Allan Poe zum Beispiel uns wie Albträume erschrecken, ohne überzeugender zu sein als sie, weil sie in einer irrealen Welt ohne jede Beziehung zu unserer irdischen spielen und dadurch ins Bereich intellektueller Spielerei entrückt sind, verzaubern Hoffmanns Erzählungen den Leser durch die Magie einer um so überzeugenderen Phantasmagorie, als sie aus einer Welt aufsteigt, in der die Straßen ihre wirklichen Namen tragen, in der man Studenten, Apfelhökerinnen und Bibliotheksräten begegnet, in der Vergnügungslokale und Einladungen zum Tee vorkommen. Prospero hat sein Reich verlassen, einen Bratenrock aus braunem Tuch angelegt und spukt in den Gassen.

Zu Beginn des September 1813 sieht Seconda sich gezwungen, das Theater zu schließen. Der einzige Ort, wo man noch Ruhe genießen kann, bleiben die Gemäldegalerien, vor allem das Neue Museum, wo Hoffmann alle seine Nachmittage in Gesellschaft der «Sixtinischen Madonna» von Raffael und der «Heiligen Cäcilie» von Carlo Dolci verbringt.

Die Stadt wird bald befreit, aber schrecklich zerstört. Seconda beschließt darum, mit seiner Truppe nach Leipzig zurückzukehren. Zwischen ihm und Hoffmann treten alsbald Spannungen auf, denn letzterer sieht in den viel zu vielen Proben, zu denen er gezwungen ist, lauter lästige Unterbrechungen im Rhythmus der Stunden, die der literarischen und musikalischen Arbeit geweiht sind. Außerdem quälen ihn Albträume mit prophetischem und sibyllinischem Charakter, er ist sehr leidend, er beklagt sich, wie ein Anachoret leben zu müssen, was für ihn die härteste aller Prüfungen bedeutet. Doch nachdem er sich an die Niederschrift der *Nachricht von einem gebildeten jungen Mann* gemacht hat, worin auch der berühmte Brief von Milo dem gelehrten Affen enthalten ist, stellt er die Reinschrift der Vigilien des *Goldnen Topfes* her und verfaßt die Erzählung *Die Automate*, die Geschichte von dem künstlichen Türken, der die Vergangenheit, die Gegenwart und die Zukunft, ja sogar die geheimsten Gedanken eines jeden kennt. Hoffmann ist von Automaten und Marionetten fasziniert; überall in seinen Werken stoßen wir auf sie. *Und mir vorgenommen einmal, wenn die gute Zeit da sein wird, zu Nutz und Frommen aller Verständigen, die ich bei mir sehe, eine Automate anzufertigen*, notierte er schon in jungen Jahren. Der Automat ist für ihn der dämonische Ausdruck des prometheischen Geistes der Menschen, indem er an Stelle der Natur die Kunst setzt und so die beiden Wesenheiten in Gegensatz zueinander stellt, statt ihre Ver-

«Die heilige Cäcilie». Gemälde von Carlo Dolci

söhnung zu versuchen. Hoffmann sieht im Automat das Symbol der großen Trennung, die gellende Dissonanz im «harmonischen Gesang der Welt». Darum macht er aus ihm immer das Werkzeug einer unheilvollen Macht, ein Hindernis für die Entwicklung des inneren Wesens, die Falle, die ein teuflischer Illusionist aufgestellt hat. Und kommt es manchmal vor, daß ein Automat die Rolle eines Menschen spielt, so haben doch sehr viel häufiger die Hoffmannschen Gestalten Züge, wie sie dem Automat eignen: eine schnarrende Stimme, einen sich ruckartig fortbewegenden Schritt, verrenkte Gesten. Was nach allen, die Hoffmann persönlich gekannt haben, auch seine eigene Art zu sprechen und zu gehen war und was ihm ein so merkwürdiges Aussehen verlieh.

Der Dichter des Unbehagens scheint bei der Abfassung von *Die Automate* sich an die «Natürliche Magie» von Johann Christian Wiegleb erinnert zu haben, die gelesen zu haben er schon notiert

Der Schachautomat des Barons von Kempelen

hat, als er noch in Plock gewesen war. Außerdem hat er wohl an den berühmten Automaten des Barons von Kempelen gedacht, der übrigens identisch ist mit den von E. A. Poe analysierten «Cless Player» von Mälzel, denn Mälzel hatte Kempelen den Automat abgekauft. Nach dem fragmentarischen Erscheinen der *Automate* in der «Allgemeinen Musikalischen Zeitung» vom 9. Februar 1814 kam der integrale Text einige Monate später in der «Zeitung für die elegante Welt» heraus und wird 1819 endgültig im zweiten Band der *Serapions-Brüder* seinen Platz finden, nachdem er noch eine leichte Überarbeitung erfahren hat.

DIE ELIXIERE DES TEUFELS

Von Rheumatismen gequält, die ihre Ursache zum Teil in den Proben in einem selbst während der kältesten Februartage nicht geheizten Theater haben, ist Hoffmann ans Haus gefesselt und empfängt häufig Billetts oder Besuche von Seconda, mit dem die Zwistigkeiten zunehmen. Bis zum endgültigen Bruch. Wieder einmal ist er also ohne Einnahmen. Er kritzelt antinapoleonische Karikaturen, um sein Leiden zu vergessen, und verkauft sie an den Verlag Baumgärtner, um essen zu können. Die ersten materiellen Früchte seiner literarischen Arbeiten ergänzen nun etwas seine Honorare als Karikaturist und Musikkritiker. Es ist wenig.

An den Lehnstuhl gefesselt, beginnt er einen Roman. Die Idee zu den *Elixieren des Teufels* ist ihm nicht plötzlich gekommen; der Plan dazu hatte schon seit langem in ihm gekeimt, wahrscheinlich schon seit seinem Bamberger Aufenthalt; Rahmen und Geist dieser katholischen Stadt scheinen ihm wertvolle Elemente geliefert zu haben. Es ist übrigens bekannt, daß er in der Bamberger Epoche zusammen mit Kunz einen langen Besuch in einem Kapuzinerkloster gemacht hat. Nach den Erinnerungen, die Kunz in seinen Memoiren notiert hat, hätte Hoffmann dabei die Bekanntschaft eines gewissen Bruder Cyrill gemacht und ihn mit Anzeichen höchsten Interesses

Krank auf dem Bett sitzend und schreibend.
Zeichnung Hoffmanns in einem Brief an Kunz, 4. März 1814

sowohl über dessen eigene Vergangenheit wie auch über die Lebensweise der Kapuziner ausgefragt. Wenn es auch fest steht, daß Hoffmann «Ambrosio or the Monk» von Matthew Gregory Lewis gelesen hat, welches Buch in den letzten Jahren des 18. Jahrhunderts in London erschienen war, so läßt sich aus manchen formalen Analogien doch offenbar nicht eine direkte Verwandtschaft herauslesen. Dagegen hat Hoffmann oft auf den starken Eindruck angespielt, den ihm «Der Geisterseher» von Schiller gemacht hat. Vor allem in *Der Elementargeist*, einer seiner letzten Erzählungen, verbreitet er sich im einzelnen darüber, was er bei der Lektüre dieses Fragments von Schiller empfunden hat.

Gewiß, das Motiv, die Uhren zurückzustellen, um eine Autosuggestion oder eine Vorspiegelung zu vermeiden, findet sich auch in *Eine Spukgeschichte* in den *Serapions-Brüdern*; der Fürst im «Geisterseher» verliebt sich in ein Bildnis, dessen Original er eines Tages trifft, und in den *Elixieren des Teufels* sehen wir, daß sich dasselbe begibt, ebenso in *Signor Formica*; doch trotzdem scheint es mir willkürlich, einen so starken Einfluß Schillers feststellen zu wollen, wie es einige getan haben.

Bei Schiller gibt es nichts Irrationales; sein «Geisterseher» ist der Bericht von einer geheimnisvollen und phantastischen Inszenierung, deren Zweck es ist, einen naiven und ziemlich bornierten Fürsten dazu zu bringen, in einem bestimmten Punkt nachzugeben. Das wird in dem kraftvollen und dynamischen Stil des «Sturm und Drang» erzählt, dessen letzter großer Vertreter Schiller ja gewesen ist. «Der Geisterseher» macht uns gespannt und erschüttert uns bis zur letzten Linie, wenn ihm auch die unwägbare verbale Magie abgeht, jene merkwürdige und anrüchige Grazie, die unter Hoffmanns Feder jedem Wort einen doppelten Sinn und eine verwirrende Bedeutung gibt, die den landläufigen Sinn überlagert. Daß ein grauer Hut bei Hoffmann sehr viel eindrucksvoller ist als ein grauer Hut bei irgendeinem anderen Autor, beruht natürlich auf der verbalen Komposition des Kontextes, in dem alle Elemente sich gegenseitig abstützen, sich komplettieren oder im Kontrast zueinander stehen. Das soll nicht heißen, daß diese Kunst im wahrsten Sinn des Wortes einem Schiller fremd gewesen sei, doch das erstrebte Ziel, die benutzten Methoden und das Endresultat sind wesentlich andere.

Die Kulissen einer politischen Intrige, die Dessous der Geheimdiplomatie bilden den Nerv des «Geistersehers». In den *Elixieren des Teufels* dagegen bleiben die zentralen Probleme individuell, weil der Privatmann für Hoffmann von weit höherem Interesse ist als öffentliche Angelegenheiten. Wenn es ein paar Ähnlichkeiten gibt, so sind sie rein formaler Art und bleiben an der Oberfläche; Thema

Illustration von Theodor Hosemann zu «Die Elixiere des Teufels»

und Essenz beider Erzählungen sind auf jeden Fall grundverschieden. Hoffmann bewunderte Schiller sehr, doch die Bewunderung für einen Autor ist nicht immer identisch mit dem Einfluß, den er ausüben kann.

Der zentrale Nerv der *Elixiere* liegt in der Frage nach der Vererbung und der geistigen Umnachtung, und in dieser Hinsicht ist das Thema schon wie eine Präfiguration der Probleme, mit denen sich die großen französischen Naturalisten befassen werden. Doch während sie den Gegenstand unter dem Gesichtswinkel seiner sozialen Bedeutung behandeln werden, legt Hoffmann ihn in einer phantastischen Erzählung dar und nimmt ihn zum besseren Vorwand für die Darstellung pittoresker und bizarrer Situationen.

Bevor er an die Niederschrift der *Elixiere des Teufels* ging, hat er sich die Mühe gemacht, eine umfangreiche Dokumentation über die verschiedenen Formen des Wahnsinns zusammenzutragen. Schon in Bamberg haben ihm Dr. Marcus und Dr. Speyer wertvolle Auskünfte erteilt und ihm sogar ermöglicht, einigen ihrer Patienten zu begegnen. Außerdem hat er den «Traité médico-philosophique sur l'aliénation mentale» von Philippe Pinel (Paris 1801) gelesen, ferner die «Praktischen Bemerkungen über Geisteszerrüttungen» von Cox und auch die «Rhapsodien über die Anwendung der psychischen Kurmethode auf Geisteszerrüttungen – Halle, 1803» von Johann Christian Reil und noch vieles andere.

Die Elixiere des Teufels nehmen in der Geschichte der Weltliteratur einen Platz ein, dessen Bedeutung man nicht unterschätzen darf. Sie stellen ein verbindendes Kettenglied dar zwischen der griechischen Tragödie und den Romanepen des Naturalismus. Betrachtet man die genealogische Tafel der Figuren der Elixiere, so gemahnt sie an die Fatalität, die über den Atriden waltet und läßt uns an die Tragödien des Sophokles weit eher denken als etwa an die der französischen Klassik oder des Sturm und Drangs. Ein Kettenglied zwischen der Welt des Ödipus und der Welt der Gervaise.

Es war ein schwer verkäuflicher Roman. Kunz lehnt es ab, den im Mai 1814 vollendeten Teil herauszubringen. Hoffmann bietet sein Manuskript darauf Hitzig an, der aber soeben gerade die Liquidation seiner Buch- und Verlagshandlung zu betreiben beginnt. Hoffmann verliert den Mut nicht und unternimmt in petto die Abfassung des zweiten Teils. Erst 1815 und 1816 jeweils werden die beiden Teile des Romans bei Duncker und Humblot in Berlin erscheinen. Zu Lebzeiten Hoffmanns erlebte das Buch keine Neuauflage.

Zur gleichen Zeit und nach zahllosen Unterbrechungen beendet der Dichter endlich die musikalische Komposition von Undine, wenige Wochen, bevor er unversehens einen Besuch erhält, der seinen Lebenslauf entscheidend verändern sollte. Am 6. Juli 1814 kommt Hippel nach Leipzig und bleibt zwei Tage. Er hat wieder als Jurist Dienste genommen, wie übrigens auch Hitzig es zu tun sich anschickt. Und Ernst? Was gedenkt er zu tun? Selbstverständlich hängt er dem Traum eines jeden Schriftstellers nach: daß ihm von irgendwoher eine fette Pfründe zufiele, die ihm erlauben würde, sich ausschließlich der Literatur zu widmen. Seine Autorenhonorare treffen nur tropfenweise ein, und kaum sind sie eingegangen, beweisen sie auch schon ihre merkwürdig flüchtige Natur. Die Tratten, die er aus Königsberg erhält und die sein ganzes Privatvermögen darstellen, erlauben ihm nur, schlecht und recht zu vegetieren. Wieder ein Amt annehmen? Er hat sich an eine Freiheit gewöhnt, die mit seinem Charakter sehr in Einklang steht, doch er ist von dem Kampf mit seinen Verlegern bitter enttäuscht, auch müde, immer weiter sich durchzuwürgen. Andererseits weiß er aus Erfahrung, daß eine beamtete Stellung nicht wenig Muße läßt und dabei eine materielle Sicherheit bietet, die für die schöpferische Tätigkeit von Vorteil ist. Aber: *... daß ich stets d a s zu tun gezwungen werde, was meinem eigentlichen tieferen Prinzip widerstrebt.*

In einem Brief, den er ein paar Tage später an Hippel schreibt, gesteht er: *So ist mir doch das ganze Justizfach nicht so zuwider, daß ich mich nicht im Bureau des Ministers selbst so ziemlich wohl und zurecht finden sollte! — Was habe ich überhaupt in meiner Lage zu wählen, und muß ich Dir nicht zeitlebens dankbar sein, wenn Du mich endlich in sichern Port bringst?*

Gleichzeitig richtet er einen anderen Brief an Hippel, in welchem er vor Eifer darauf brennt, wieder in den preußischen Staatsdienst zu treten, einen Brief, der wahrscheinlich auf dessen Veranlassung, vielleicht sogar unter dessen Augen geschrieben worden ist, denn nach Hoffmanns Tod hat Hippel selbst gesagt, daß es sich um ein Schreiben handelt, das gegebenenfalls hätte vorgewiesen werden können.

Der Erfolg läßt nicht lange auf sich warten, denn Hippel hat, wie man so sagt, einen langen Arm; einen Monat später, im September, verlassen Hoffmann und Mischa Leipzig und fahren nach Berlin.

Von der Kunst kann ich nun einmal nicht mehr lassen, und hätte ich nicht für eine herzensliebe Frau zu sorgen, und ihr, nach dem, was sie mit mir ausstand, eine bequeme Lage zu bereiten, so würde ich lieber abermals den musikalischen Schulmeister machen, als mich in der juristischen Walkmühle trillen lassen. Und einige Wochen nach diesem Brief schreibt er abermals an Hippel: *Erinnere Dich, teuerster Freund! daß es nie meine Idee war, zur Justiz zurückzukehren, denn zu heterogen ist sie der Kunst, der ich geschworen.* Ist es das, woran er denkt, wenn er in *Datura fastuosa* einen Mann schildert, der seine Jugend geopfert und das Beste seiner selbst gegen scheinbare Sicherheit eingetauscht hat?

Welches ist damals in großen Linien die allgemeine Tendenz der deutschen Literatur? Die Schule des Sturm und Drangs, die sich oft ein soziales und moralisches Ziel gesteckt hatte, und bei der das phantastische Element sich von der germanischen Mythologie herleitet, wie etwa im ersten Teil des «Faust», hat sich nach und nach gewandelt, um mit veränderter Richtung in die Klassik einzumünden, die ihre phantastischen Elemente aus der antiken Mythologie schöpft, wie im zweiten Teil des «Faust». Auf Grund des Phänomens eines Wechsels der Gegensätze, wie man es stets in den literarischen Tendenzen beobachten kann, folgt darauf als neue Bewegung die Romantik.

Johann Gottlieb Fichte.
Zeichnung von Friedrich Bury

Die deutsche literarische Romantik, deren einander folgende Wellen bis zur Mitte des 19. Jahrhunderts reichen, weist im Stil ihrer verschiedenen Schulen eine außerordentliche Vielfalt auf; sie ist eine Frucht der politischen und wirtschaftlichen Ereignisse in Europa und durch die Denkart der zeitgenössischen Philosophie beeinflußt. Vor allem übt Fichte einen sehr tiefen Einfluß auf seine Epoche aus, denn indem er das «Ich» von aller Abhängigkeit befreit und es, wie übrigens auch Schelling, auf eine Ebene harmonischen Einklangs mit der Weltseele stellt, bietet er dem gedemütigten, bangenden und bedrohten Menschen der napoleonischen Ära die Konsekration und Bestätigung seiner inneren Würde. Diese Philosophie erweist sich als dem Augenblick entsprechend und füllt eine Lücke aus. Denn wenn es zwar stimmt, daß Napoleon die Ideen der Französischen Revolution in Europa verbreitet hat, so darf man doch nicht übersehen, daß es die der letzten revolutionären Phase waren, daß sie auch nationalistische Gedanken umfaßten und daß sie mit den Idealen und der Denkart der großen kosmopolitischen Philosophen und Enzyklopädisten des 18. Jahrhunderts nichts mehr gemein hatten. Die napoleonische Emanzipation war nur sehr bedingt, und es versteht sich von selbst, daß die Verbreitung der Gedanken eines Condorcet, eines Holbach, eines Helvétius oder eines Montesquieu einem so autoritären System wie dem napoleonischen in keiner Weise dienstlich sein konnten.

Diese Gedanken, die unter der Regierung Friedrichs des Großen eine allerdings sehr dünne Schicht des deutschen Bürgertums erreicht hatten, wurden in der Folge durch die Wirren der napoleonischen Kriege hinweggefegt, so daß die intellektuelle Jugend in ihrer Gesamtheit nur eine sehr verschwommene Vorstellung davon hat. Übrigens besitzt sie auch eine nur sehr unvollständige Vorstellung von der Emanzipationsbewegung; die rationalistische Philosophie ist ihr noch zu fremd, als daß sie sich darauf stützen könnte, und zudem ist die materielle Welt, in der diese Jugend aufwächst, durchaus nicht so anziehend, daß die jungen Leute nicht das Bedürfnis verspürten, auf metaphysischem Gebiet einen Ausgleich zu suchen. Das dogmatische Christentum erweist sich als ungeeignet, diese Sehnsucht zu erfüllen, jedoch bereits in den neunziger Jahren sind Friedrich Schlegel und vor allem Novalis als Vermittler und Interpreten der Philosophie Fichtes aufgetreten. Novalis gibt Fichtes Gedanken eine unvergleichlich dichterische Form, die, wenn auch häufig dunkel, einen ungeheuren Einfluß auf die zeitgenössischen jungen Intelligenzen ausübt, und Hoffmann ist durchaus nicht der letzte, davon den Einfluß zu spüren.

Als Pilger zum «Tempel der Isis» glaubt Hoffmann in der universalen Natur ein ganzes geheimnisvolles Netz von Beziehungen, Konnexionen und Symbolen zu erahnen, ein Ganzes, in welchem sich Empfindungen, Gedanken und Formen verschmelzen.

Nicht sowohl im Traume, als im Zustande des Delirierens, der dem Einschlafen vorhergeht, vorzüglich wenn ich viel Musik gehört habe, finde ich eine Übereinkunft der Farben, Töne und Düfte, schreibt er in seinen *Kreisleriana.*

Dieser Synästhesie hat er häufig Ausdruck verliehen, vor allem in dem Dialog, in dem Ritter Gluck davon spricht, wie die Töne und Nuancen auf der gleichen Ebene ineinanderfließen, und indem er seine Vision von der Sonnenblume erzählt, in deren Innern ein Auge ist; ... *nun zogen die Töne wie Lichtstrahlen aus meinem Haupte zu den Blumen, die begierig sie einsogen. Größer und größer wurden der Sonnenblume Blätter – Gluten strömten aus ihnen hervor – sie umflossen mich – das Auge war verschwunden und ich im Kelche.*

Die deutsche Romantik, die für viele gleichzeitig eine Zuflucht, eine Gegenreaktion und eine Ableitung bedeutet, ist dem Metaphysischen zugewandt und stellt einen umfassenden Streifzug durchs «Reich der Geister» dar. Mehr als einmal verfällt sie sogar in schwülstige und öde Mystik. Doch da die geistige Welt der Romantik eine Welt von Symbolen ist, da zudem Deutschland reich an Legenden ist und die romantischen Dichter in der Mehrzahl einen brillanten Stil besitzen, wozu noch ihre häufig einfallsreiche Fabulierkunst und der Reichtum ihrer Phantasie hinzukommen, versteht es sich von selbst, daß viele von ihnen, Tieck, Achim von Arnim, Clemens Brentano, Chamisso, Mörike, Contessa, uns Märchen und Feengeschichten hinterlassen haben, die einen hervorragenden Platz in der europäischen Literatur einnehmen.

Bei Hoffmann ist die Erzählung sehr viel mehr Ausdruck eines

Friedrich Baron de la Motte Fouqué

Spiels der Phantasie von rein persönlicher Tragweite; wenn bei ihm Symbole vorkommen, beziehen sie sich auf seine eigenen Probleme, Erinnerungen, Visionen und intimen Träume, kurz sie sprießen aus seinem psychischen Klima, das der Dichter zu einem Kunstwerk verdichtet; er nennt seine Kunst *Sanskritta der Natur,* womit er einen Terminus aufgreift, der Novalis teuer war. Denn auch für Novalis umfaßt die Natur alles: den Traum, den Wahnsinn, den Himmel und die Hölle, während der Mensch allgegenwärtig ist, und wie in der Hindu-Philosophie eine vollkommene Identität zwischen der individuellen und der universalen Seele besteht. Daher ist jede Metamorphose möglich, ja natürlich im wahrsten Sinn des Wortes. Deshalb sind bei Hoffmann ein junges Mädchen und das Samenkorn einer Blume nur die Erscheinungsformen zweier verschiedener Stadien einer und derselben Wesenheit. Natur bedeutet für ihn sehr viel weniger Berge, Flüsse und Wiesen als vielmehr einen Begriff des kosmischen Universums; sie ist das große Ganze, der herrliche Urdar-Quell, dessen Betrachtung im Menschen Ekstase und Fülle hervorruft.

Ein einziges Mal hat Hoffmann die Natur vulgarisiert, hat sie auf die Perspektiven einer verschwommenen Landschaft mit den kläglichen Ausmaßen eines Boskett beschränkt, in dem es von Kreaturen spukt, die zweifellos dem Geiste Jean-Jacques Rousseaus entstammen. Nämlich in *Das fremde Kind* (1817), einem platten Märchen, das von gutem Willen und Milchprodukten trieft, einer «goody-goody»-Erzählung, die nur einen einzigen hoffmannesken Zug in dem Lehrer, der eine Brummfliege ist, aufweist. Diese Natur hier ist mit ihrer Hütte aus Papiermaché und den Tannen aus grünbemaltem Holz sehr viel künstlicher als alle Kunststücke des Dichters, der uns hier nicht zu überzeugen vermag, was ihm doch so gut mit seinen unheilvollen Zaubereien, den Reflexen, die aus dem Spiegel treten, und den klavierspielenden Sukkuben gelingt.

In welchem Umfang läßt Hoffmann sich der Romantik zuzählen, da er doch weder zum Jenaer noch zum Heidelberger Kreis gehört und dem Berliner sich nur teilweise anschließt? Ist er überhaupt ein wirklicher Romantiker? Nur bedingt ist er es, und wenn es erlaubt wäre, ihn auf eine scheinbar so paradoxe Art zu charakterisieren, könnte man sagen, er sei der Romantiker des phantastischen Realismus. Natürlich gibt es kein Leben und damit auch kein Schaffen, die völlig anachronistisch sein könnten, und es ist klar, daß die ihm zeitgenössischen Ereignisse, so äußerlich manche davon für ihn waren, nichtsdestoweniger sein Gedächtnis geprägt und seine Art zu sehen und zu empfinden mitgeformt haben. Die philosophischen Gedanken seiner Zeit haben ihn beeinflußt, er hat die Sprache seiner Zeit gesprochen und geschrieben, und er hat gerade seine Zeitgenossen bei ihren alltäglichen Beschäftigungen in «Momentaufnahmen» geschildert, wobei ihr Alltag plötzlich vom Ungewöhnlichen überlagert wird.

Vignette Hoffmanns zu Fouqués «Kuckkasten».
Tuschzeichnung, 1817

Jedoch gibt es eine ganze Reihe von Faktoren, durch die Hoffmann sich von seinen literarischen Zeitgenossen unterscheidet. Wenn wir einmal mit geschlossenen Augen an dem bedauerlichen *Fremden Kind* vorbeigehen, können wir feststellen, daß Hoffmann nie in den emphatischen und sentimentalen Ton verfällt, der so oft die Werke der Romantiker beeinträchtigt. Dazu ist er viel zu schwungvoll und zu kaustisch. Außerdem ist er ohne Respekt und liberal, während die deutsche Romantik sonst im großen und ganzen reaktionär ist. Spät stößt er zur romantischen Zeitströmung und wird schon zu einem Vorläufer der folgenden literarischen Bewegung, wobei er die Kennzeichen eines Übergangsstils aufweist; seine Romantik steht dadurch im Gegensatz zu der seiner Zeitgenossen. Hoffmanns Humor hat nichts gemein mit dem biedermännisch scherzenden Ton eines Ludwig Tieck, er ist spontan, vertrackt und bitter; und so begegnen wir seinem Widerhall und seiner Weiterentwicklung alsbald in den Texten eines Ludwig Börne und eines Heinrich Heine oder auch in Grabbes Lustspiel «Scherz, Satire, Ironie und tiefere Bedeutung». Denn diese lange satirische Ader, die von Aristophanes über Scarron, Sterne und Tucholsky bis zu Gadda reicht, verläuft außerhalb aller eigentlichen «Schulen».

Gerade Hoffmanns Romantik mit allem, was sie an Hybridem und Bedingtem an sich hat, mit ihrer Übergangsform, die man nicht als «reinen Stil» würde bezeichnen können, wird sich auf die Dauer als widerstandsfähig erweisen. Denn von dieser Art Romantik finden sich unvermutet Spuren im Naturalismus eines Zola und Gerhart Hauptmann, im Expressionismus eines Georg Heym und sogar noch im Surrealismus eines André Breton.

ERNTE EINES SONDERLINGS

Die Dienststunden, die Hoffmann im Justizministerium verbringt, lassen ihm noch viel freie Zeit. Fast allabendlich, zum mindesten in den ersten Monaten seines Berliner Aufenthaltes, wird er zum Diner, zu privaten Konzerten oder Soirées in den literarischen Salons eingeladen. Dort lernt er Fouqué persönlich kennen, mit dem er bis dahin nur Briefe gewechselt hat. Wenn der Baron de la Motte Fouqué auch kein großer Dichter ist, ist er doch ein geistreicher Mensch, ein guter Kenner der Literatur und ein echter Edelmann. Auf seinem Schloß Nennhausen, nicht weit von Berlin, bietet er Hoffmann häufig die Freuden einer erlesenen Gesellschaft, die Genüsse eines alten Weinkellers und einer ausgezeichneten Küche. Man liest, man diskutiert, man macht Musik, man scherzt. In dieser Freundschaft zwischen Fouqué und Hoffmann, die leider nur acht Jahre dauern sollte, gibt es keinerlei Meinungsverschiedenheiten, nicht einen einzigen Schatten.

Der Dichter hat auch Hitzig wieder getroffen, der ebenfalls wieder in die Magistratur eingetreten ist; als ehemaliger Verleger kennt Hitzig fast alle, die in der Literatur einen Namen haben. Und schon zwei Tage nach Hoffmanns Ankunft vereint ein denkwürdiges Diner Ludwig Tieck, Fouqué, Franz Horn, Chamisso, den Philologen Bernhardi, den Professor Moretti, den Maler Philipp Veit, Hitzig und Hoffmann. *Die beiden ersten Tage, als ich in B. angekommen, lebte ich in einem Freuden-Taumel.*

Die Fantasiestücke in Callot's Manier, von denen der dritte Band gerade erschienen ist, haben ihm ein Renommee eingetragen, das für die Herausgeber von Zeitschriften ein Anreiz ist, ihn zur Mitarbeit einzuladen. *Die Fermate* zum Beispiel, die er anfangs des Jahres 1815

Chamisso-Schlemihl reist zum Nordpol.
Federzeichnung von Hoffmann, September 1816

Ludwig Devrient

schreibt, erscheint zum erstenmal in einem Almanach. *Der Artushof*, der später in die *Serapions-Brüder* aufgenommen wird, erscheint in der gleichen Publikation.

Was Johannes Kreisler angeht, so entwickelt er seine Gedanken in einem Briefwechsel mit dem *Baron Wallborn*, also mit Fouqué. Mit einem Vorwort beider Freunde erscheint dieser Briefwechsel im Jahr darauf im letzten Band der *Fantasiestücke,* vermehrt um *Kreislers musikalisch-poetischen Clubb* und einige satirische Arbeiten wie *Der Musikfeind, Nachricht von einem gebildeten jungen Mann* mit dem berühmten Brief des Affen Milo, usw. Allen diesen Stükken geht in der Sammlung die meisterhafte Erzählung *Die Abentheuer der Sylvester-Nacht* voraus.

Die Abentheuer der Sylvester-Nacht bilden einen Höhepunkt in Hoffmanns Schaffen. Der Dichter beginnt die Ausarbeitung am 1. Januar 1815 und beendet sie sechs Tage später. Der Bericht, der mit einer Begegnung des Erzählers mit Julie auf einem grotesken mondänen Empfang einsetzt, das Unmögliche, das der Teufel in seinem Zerrspiegel aufblinken läßt, die Trivialität und Alltags-Absurdität, die sich selbst zu einer Art «Sur-Realismus» sublimieren, das sind die Hauptmotive des ersten Kapitels, das der eigentlichen Fabel als Prolog dient. Dann wird alles Metamorphose, Erscheinungen kommen aus der Tiefe der Spiegel, seltsame Begegnungen finden statt, wie die mit Erasmus Spikher, der für die Liebe Giuliettas sein Spiegelbild verliert, und mit Peter Schlemihl, der seinen Schatten verkauft hat. Wie es scheint, ist die Inspiration zu dieser Erzählung während eines Gesprächs zwischen Hoffmann und Chamisso entstanden, bei dem beide gern ihre Gedanken austauschten, da sie von einer aufrichtigen gegenseitigen Bewunderung erfüllt waren. Wenn Hoffmann eine Replik des Peter Schlemihl schreibt, so gibt er ihr auch eine neue Tiefe, eine tragische Gewalt, die man in Chamissos Werk nicht findet. Der Mensch hat nur die Illusion einer Freiheit der

Wahl, die Karten sind im voraus schon gemischt, und was immer er auch wählen mag, zu verlieren ist ihm bestimmt. Selbst wenn er den sogenannten geraden Weg einschlägt, bietet es dem, den der Teufel gezeichnet hat, keinerlei Möglichkeit des Heils. Gewissermaßen handelt es sich um Prädestination, die der des kalvinischen Dogmas gleicht. Ebenso wie in den *Elixieren des Teufels* gibt es keinerlei Ausweg, denn der Kampf zwischen dem Menschen und dem metaphysischen Prinzip, das ihn lenkt, mag man es den nennen, der kein Weißes im Auge hat, mag man es Fatalität heißen, ist zu ungleich. So stürzt auch in *Der Sandmann* die Katastrophe unerwartet auf den Helden herein, wenn seine unselige Leidenschaft schon erloschen scheint, wenn anscheinend alles schon geebnet und normalisiert ist, und in den letzten Zeilen der Erzählung errät man, daß für Clärchen das Happy-End nur Vorspiegelung, ein Dekor ist, der jeden Augenblick zusammenfallen muß. *Die Abentheuer der Sylvester-*

Devrient und Hoffmann.
Federzeichnung von Hoffmann in einem Brief an Devrient, um 1818

nacht enden mit dem Aufbruch Spikhers in die weite Welt, nachdem er sein Spiegelbild und die Geliebte eingebüßt und dazu die Zuneigung der Seinen und den Frieden seiner Seele verloren hat.

Unabhängig von seinem Amt führt Hoffmann ein sehr reges gesellschaftliches und mondänes Leben. Täglich trifft er, manchmal im Café «Manderlee», manchmal in Salons wie dem der Frau Levy, deren Hilfe er einstmals so zu schätzen gewußt hatte, eine Menge Freunde und verschiedene Bekanntschaften: Chamisso, Contessa, Humboldt, Uhden, Eichendorff, Maler, Juristen, Minister, Theaterleute, Musiker, Räte und hübsche Frauen. Er vernachlässigt seine Korrespondenz mit Hippel, ohne daß darum seine Gefühle im mindesten erkaltet wären, und offenbar gibt er es auf, sein intimes Tagebuch weiterzuführen, denn die letzte Eintragung ist vom März 1815. Natürlich kann es auch sein, daß ein oder sogar mehrere spätere Hefte des Tagebuchs verlorengegangen sind. In diesem Fall bestünde nach den Zerstörungen in Berlin leider nur eine sehr geringe Hoffnung, sie noch aufzufinden.

Berlin: der Gendarmenmarkt

Das Königliche Schauspielhaus.
Entworfen und erbaut von Friedrich Schinkel

Bisher hat Hoffmann sich immer nur freundschaftlich mit Männern verbunden, deren Temperament und Charakter von seinen eigenen sehr verschieden waren. In der Person des Schauspielers Ludwig Devrient trifft er endlich auf eine Natur, die der seinen sehr ähnlich ist, einen jener Männer, die von der Klaue des Höllenfürsten gezeichnet sind, wie sie in seinen Werken so häufig auftreten, ein altes bizarres Kind, sarkastisch, impulsiv und trinkfreudig. Auch Devrient ist ein Genie; der Umfang seiner Ausdrucksmöglichkeiten ist unendlich groß, er versteht es, ebensogut König Lear wie Falstaff zu interpretieren. Er verwandelt sich in jede Rolle, teilt sich oder vervielfacht sich, wie es ihm beliebt. Hoffmann und er ähneln sich so sehr, daß sie sich einander anschließen, doch sie ähneln sich auch wieder nicht genug, als daß der quälende Verdacht des Doppelgängers ihre Freundschaft trüben könnte. Übrigens hat auch Devrient seinen Doppelgänger, was der Beziehung etwas noch Beruhigenderes als der gibt, die zwischen zwei alten Ehepaaren besteht, denn die Doppelgänger lassen sich auf keinerlei Weise austauschen.

Außer Hippel, dem Freund aus der Kindheit, und Hampe, dem Freund aus den Jünglingsjahren, hat Hoffmann keinen geduzt, und unter den Freunden des Mannesalters ist Devrient der einzige. Es ist nur ein kleines Detail, doch es fügt sich in sehr bezeichnender Weise dem Verhalten Hoffmanns ein. Durch den Kristall hindurch duzt es sich nicht so leicht, denn wenn die Distanz auch winzig ist, so bleibt sie eben dennoch ein Hindernis. «Sie» ist eine echte kristallene

Johanna Eunicke

Schwingung, das Knirschen eines Nagels auf einer Glasscheibe, das Summen einer eingeschlossenen Libelle.

Hoffmann und Devrient treffen sich fast täglich bei «Lutter und Wegener», einer Weinstube in Alt-Berlin, einer Kneipe des Viertels am Gendarmenmarkt, in der man bei ein paar Flaschen Wein in Gesellschaft anderer Vertreter des Jungen Deutschland seinen Abend verbringen kann. Der stets angetrunkene Grabbe kommt oder der noch sehr junge Heinrich Heine. Letzterer ist von Hoffmanns Genie fasziniert, vor allem von den *Elixieren des Teufels.* «In den *Elixieren des Teufels* liegt das Furchtbarste und Entsetzlichste, das der Geist erdenken kann», schreibt er in seinem «III. Brief aus Berlin».

Aber es ist nicht bei «Lutter und Wegener», wo wir die Spuren Hoffmanns suchen dürfen, sondern eher in seiner letzten Wohnung Ecke Gendarmenmarkt und Taubenstraße, die aber im letzten Krieg den Bomben zum Opfer gefallen ist. Suchen wir sie lieber in der Schilderung, die Hoffmann von ihr in *Vetters Eckfenster* gibt: *Es ist nötig zu sagen, daß mein Vetter ziemlich hoch in kleinen niedrigen Zimmern wohnt. Dabei liegt aber meines Vetters Logis in dem schönsten Teile der Hauptstadt, nämlich auf dem großen Markte, der von Prachtgebäuden umschlossen ist, und in dessen Mitte das kolossal und genial gedachte Theatergebäude prangt. Es ist ein Eckhaus, was mein Vetter bewohnt, und aus dem Fenster eines kleinen Kabinetts übersieht er mit einem Blick das ganze Panorama des grandiosen Platzes.*

Hier komponiert er die Musik zu den Chören von Fouqués «Tassilo». Im August 1816 findet die festliche Uraufführung der *Undine* statt, der Oper, an deren musikalischer Komposition Hoffmann so lange gearbeitet hat; die Ausstattung dafür im Königlichen Schauspielhaus in Berlin ist von Schinkel entworfen. Der Erfolg ist sehr lebhaft bei Publikum und Kritik, und der der Hauptdarstellerin bei Hoffmann steht ihm in nichts nach. Es ist Johanna Eunicke, die der Undine ihre Stimme leiht. Sie wird die letzte Liebe des Dichters sein, eine mehr zärtliche als leidenschaftliche Liebe, eine verliebte Zuneigung zwischen einer jungen, klugen und geistreichen Frau und einem frühzeitig gealterten Manne, den der Tod schon für die baldige Ernte gezeichnet hat.

Wenn Hoffmann sich auch Chambertin und Eis-Punsch leistet, in der langen Pfeife Varinas-Kanaster raucht, einen weiten Hausrock mit türkischem Muster, mit weißem Atlas gefütterte Saffian-Pantoffeln trägt und auch einen Gehrock von köstlicher Schattierung sein eigen nennt, darf man daraus doch nicht schließen, daß er jetzt in Saus und Braus leben könne; davon ist er weit entfernt. Denn seit seiner Ankunft in Berlin hat er für seinen Dienst im Justizministerium noch keinerlei Gehalt bezogen. Hippel verwendet sich schließlich bei seinem Vetter, dem Kanzler Hardenberg, dafür, daß Hoffmann den Rang eines Gerichtsrates, auf den er Anspruch hat, sowie die Nachzahlung seiner Bezüge seit der Besetzung von Warschau erhält.

Seit dem Frühling 1816 bereitet Hoffmann eine Sammlung von *Nachtstücken* vor. Nicht Zufall hat ihn bei der Wahl dieses Titels geleitet. Man hat darin eine Anspielung auf einen Terminus aus der Kunstgeschichte sehen wollen, der spärlich beleuchtete, mit dramatischem Hell-Dunkel erfüllte Gemälde, etwa wie die des Niederländers Gerard von Honthorst, genannt Gherardo dalle notti, als Nocturni bezeichnet. Eigentlich sind aber alle Texte Hoffmanns «nocturn»,

Illustration von Hoffmann zu «Der Sandmann». Federzeichnung, 1815/16

auch wenn ihre Handlung mitten am hellen Tag und unter der italienischen Sonne spielt. Denn er ist der Dichter der Finsternis von Seele und Geist, der Dichter der dunklen Gefilde, in denen der Mensch noch mit den geheimen Kräften verknüpft ist, der Dichter der Abgründe, die unsägliche Gestalten verhehlen, der Tiefen, aus denen der Doppelgänger, das Gespenst oder die Guhle aufsteigt. Hoffmann ist der Sänger Hekates, der Göttin der Hunde, der Schlafwandler und der Zauberei. Noch in den drolligsten Szenen von *Das steinerne Herz* oder *Die Königsbraut* kann uns der Zauberer nicht einen Augenblick vergessen lassen, daß er das Reich der Schatten bereist hat, wenn er uns auch in Sicherheit wiegt und uns lachen macht. Seine burleske Inspiration leitet sich unmittelbar von Shakespeare her, selbst wenn er seine Phantasie zuweilen in die freche und heitere Form einkleidet, die Sterne teuer war. Kein Dichter ist «nächtlicher» als Hoffmann, der Mann mit dem Eulengesicht.

Die unter dem Titel *Nachtstücke* veröffentlichten Erzählungen umfassen zwei Bände mit je vier Geschichten; beide erscheinen bei Georg Andreas Reimer, einer im Frühling, der andere im Herbst 1817. Die einzelnen Beiträge sind zwischen 1814 und 1817 abgefaßt und in ihrer Mehrzahl im Erstdruck in Zeitschriften, Almanachen usw. veröffentlicht worden. Von dieser Sammlung, die unter der Feder eines Autors entstanden ist, der oft zuviel und zu rasch schrieb, darf man

Eine Seite aus der Handschrift „Der Sandmann" (Original im Besitz des Märkischen Provinzial-Museums zu Berlin)

Aus dem Manuskript «Der Sandmann»

keine homogene Qualität erwarten; doch die paar Meisterwerke, die sie unter anderen enthält, sind von einer Originalität und einer suggestiven Kraft, daß schon ein einziges von ihnen hinreichen würde, den Ehrenplatz, der ihrem Schöpfer zusteht, zu rechtfertigen. Es sind vor allem *Der Sandmann, Das öde Haus* und *Das Majorat*, an die ich dabei denke. *Der Sandmann*, den er immer wieder vorgenommen und überarbeitet hat und der eine außerordentliche Dichte der Textur ohne jede Schwerfälligkeit erreicht hat; *Das Majorat*, dessen Wurzeln auf Jugenderinnerungen zurückgehen, Erinnerungen an die Zeit, in der Hoffmann mit neunzehn Jahren häufig seinen Großonkel Voeteri als Schreiber in die benachbarten Schlösser begleitete, wo es Zwistigkeiten zu schlichten oder Erbschaften zu regeln galt. Hat der Dichter unter den Zügen der Baronin Seraphine, die sehr viel mehr der Innamorata als dem Käthchen ähnlich ist, Cora zum Gedächtnis ein Denkmal errichten wollen?

Am 8. März 1818 schreibt Hoffmann an Kunz, mit dem er in Verbindung geblieben ist: *Das öde Haus taugt nichts.* Doch diesmal täuscht er sich, was die Qualität seines Werkes angeht; denn diese Erzählung strahlt eine unnachahmliche Magie aus, und sie enthält auch folgende, für den Geist ihres Verfassers sehr bezeichnenden Worte: *Gern zugestehen darf ich ja, daß ich oft mich selbst recht arg mystifiziert habe.* Was den Grafen von P. betrifft, der darin die Rolle des Vertrauten spielt, so handelt es sich um niemanden anderes als den berühmten Fürsten von Pückler-Muskau, dessen Sonderbarkeit und Verschwendungssucht die Grenze erreichen, die den Weltmann vom Dandy trennt: Pückler-Muskau mit seinem Hirschgespann vor der Kalesche, mit seiner Park- und Garten-Manie, mit seiner raffinierten Feinschmeckerei und seiner schönen Geliebten Helmina de Chézy, die Hoffmann so sehr gefiel.

Gerade bei der Lektüre von *Das öde Haus* kann man feststellen, in welchem Umfang Hoffmann eine neue Art zu sehen geschaffen hat. Und wenn diese Art der Optik in der Folge von den verschiedensten Temperamenten der Schriftsteller des 19. und 20. Jahrhunderts interpretiert und umgebildet worden ist, mochten sie auch selbst genug Talent besitzen, um nicht platterdings abzuschreiben und einige von ihnen sogar das Siegel schöpferischen Genies tragen, so steht nichtsdestoweniger fest, daß die tiefen verschütteten Schichten des Gedächtnisses manchmal ein dünnes Fädchen der Erinnerung emporschicken, ein Bild, ein Schimmern, das von jenseits des Bewußtseins kommt. Es ist zum Beispiel merkwürdig, einmal die Szene auf den ersten Seiten der «Erniedrigten und Beleidigten», die in einer Konditorei spielt, mit jener zu vergleichen, die in *Das öde Haus* gleichfalls eine Konditorei zum Schauplatz hat. Dostojevskij war zweifellos

*Fürst Pückler-Muskau mit seiner von Hirschen gezogenen Kutsche
vor der Konditorei «Kranzler»*

reich genug, um nichts entlehnen zu müssen; aber gerade die Reichen
sind es oft, denen Erbschaften zufallen. Die Kunst ist nicht nur «la
nature vue à travers un tempérament», sondern auch eine durch eine
bestimmte Art zu denken gestaltete Situation: Hoffmann schildert,
wie ein seltsamer Greis mit seinem Hund in eine Konditorei eintritt;
Dostojevskij, der ein großer Bewunderer Hoffmanns war, führt uns
die gleichen Gestalten in genau der gleichen Situation vor. Nur ist
diese Situation bei Hoffmann von magischer Wesensart, während sie
bei Dostojevskij soziale Bedeutung annimmt und in einer Form dargestellt wird, die ihre Wirkung aus der Wortgebung der Evangelien
schöpft.

Das Venedig in der gegen Ende des Jahres 1817 entstandenen Erzählung *Doge und Dogaresse* wird uns von Hoffmann nicht geschildert, und dennoch bietet es sich unseren Augen in den geringsten
Einzelheiten dar. Es ist ein historisches und romantisches Venedig,
das mit seinen geheimnisvollen alten Bettelweibern und den Franzis-

kanermönchen, die seltsame Botschaft bringen, sogar der Genre-Malerei nahekommt. Aber es ist Venedig. Die evokatorische Kraft dieser Novelle entwickelt sich wie aus sich selbst, da sie nicht aus dem Quell der Schilderungen schöpfen kann, und spontan aus dem epischen Element des Berichteten, aus der Sicherheit der Inszenierung. Um einen Ausdruck aus der Theaterwelt zu verwenden: die Regie ist von vollkommener Präzision, von einer so unleugbaren topographischen Genauigkeit, daß dem Leser nicht einen Augenblick das Fiktive zum Bewußtsein kommt. Es handelt sich hier durchaus um ein rein realistisches Kompositionsverfahren, dessen sich Hoffmann mit einer Leichtigkeit und derart vollendeten Ausgewogenheit bedient, daß es unmöglich scheint, auf den ersten Blick Absicht und Ziel zu spüren. Er schafft die Atmosphäre durch Geschehnisse, die von einer so eng mit den örtlichen Voraussetzungen verknüpften Eigenart sind, daß es gar nicht möglich ist, nicht «in Venedig zu sein», wenn sie sich dort abspielen. Hoffmann pflegte übrigens Stadtpläne zu konsultieren und sich gewissenhaft über die Topographie der Orte, wo er seine Erzählungen ansiedelte, zu unterrichten. Zudem liebte er solche Stadtpläne um ihrer Schönheit willen und weil sie der Phantasie einerseits Freiheit lassen, sie andererseits stützen. Von Peregrinus in *Meister Floh* berichtet er: *So hatte er z. B. einst einen Aufriß der Stadt Peking mit allen Straßen, Häusern usw., der die ganze Wand seines Zimmers einnahm, zum Geschenk erhalten. Bei dem Anblick der märchenhaften Stadt, des wunderlichen Volkes, das sich durch die Straßen zu drängen schien, fühlte Peregrinus sich wie durch einen Zauberschlag in eine andre Welt versetzt, in der er heimisch werden mußte.*

Hoffmann, ein großer Reisender im Lehnstuhl, stößt auf nicht mehr Schwierigkeiten, ins Puppenreich zu gelangen, als Peregrinus, um sich in der Verbotenen Stadt zu ergehen. In der zweiten Hälfte des Jahres 1816 erscheint *Nußknacker und Mausekönig* in einer Sammlung von Geschichten für Kinder, deren weitere Mitarbeiter Contessa und Fouqué sind. Hoffmann hat hier für die Kinder seines Freundes Hitzig eine der schönsten Weihnachtserzählungen geschrieben. Das Wunderbare verflicht seine Ranken und tollen Arabesken mit den einfachen Linien des realen Lebens, heftet seine Laubgewinde an die Möbel einer friedlichen Bürgerwohnung. Dieses Wunderbare ist immer noch zwielichtig genug, um den Kindern, die ein wenig Gänsehaut lieben, Bange zu machen und die Phantasie derer anzufeuern, denen es nicht an Mut gebricht, sich ohne Zimperlichkeit durch den Ärmel eines alten Überziehers, der im Kleiderschrank hängt, auf den Weg zu machen, einen Weg, der gefährlich und dunkel ins Reich des König Nußknackers führt, welch hoher Herr sich auch einfach Drosselmeyer nennt.

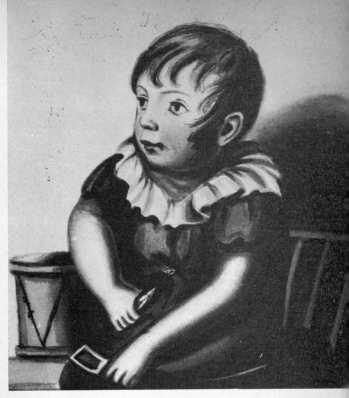

Hitzigs Sohn Fritz, der Held von «Nußknacker und Mausekönig».
Aquarell von Hoffmann, um 1815

Heute sind wir längst mit dieser Art, eine Erzählung zu entwik-keln, vertraut, bei der ein doppelter Faden sich im Phantastischen und im Realen abrollt, eine Methode, die übrigens Dickens und Andersen mit Geschick aufgegriffen haben.

KARNEVAL IM PALAZZO PISTOJA

Ungleichmäßig, vielfältig, immer gehetzt, von Inspiration überflie-ßend, atemlos und noch aus der Beklemmung neuen Atem schöpfend, verfolgt Hoffmann seine Bahn, und man muß diesem Wort seine wörtliche Bedeutung lassen. Er ist schon todkrank, als er die Werke seiner letzten Jahre verfaßt. Er weiß, wie ernst sein Zustand ist,

«... Unzelmanns Perücke aus dem Dorfbarbier mit einem langen Zopf, wie ein bedrohlicher, feuriger Meteor über dem Bankgebäude schwebend ... wurde ... als mehrere Spritzen vergeblich nach der ad aliora steigenden Perücke gerichtet wurden, durch einen kouragösen Gardejäger von der Taubenstraße mit wohlgezieltem Büchsenschuß abgeschossen ...» Zeichnung Hoffmanns in einem Brief an den Schauspieler Wagner in Leipzig

nimmt ihn mit Humor und Mut auf sich und macht sich über sich selbst lustig, wie er sich über die Gebresten der anderen lustig macht. Alles ist grotesk. Er findet noch Gelegenheit, zu lachen, wenn das Dach des Hauses brennt, in dem er wohnt, die Fensterscheiben zerknallen und man die Flammen fauchen hört. Das königliche Schauspielhaus hat Feuer gefangen, als man *Undine* zum vierundzwanzigstenmal aufführen wollte, und die Feuersbrunst droht auf die Nachbargebäude überzuspringen. Endlich gelingt es, den Brand einzudämmen. Allerdings ist das Requisitenmagazin in Flammen aufgegangen, aus dem 5000 Flachsperücken brennend in die Lüfte aufflattern. Jene, die der Schauspieler Unzelmann trägt, wenn er den «Dorfbarbier» spielt, unterscheidet sich von allen anderen und gleicht mit ihrem langen funkenstiebenden Zopf einem schauerlichen Meteor, der schließlich zischend und knisternd im Abtritt des Schonertschen Wirtshauses landet. Hoffmann macht es in seiner mit Ruß und Wasser besudelten Wohnung ein närrisches Vergnügen.

Nachdem er *Erscheinungen* beendet hat, einer bereits in Dresden begonnenen Skizze, deren Rechte er zugunsten der im Krieg Verwundeten abgibt, beginnt er *Meister Martin der Küfner und seine Gesellen*; diese Erzählung spielt im Nürnberg des 16. Jahrhunderts; sie ist von verblüffender Mittelmäßigkeit, einer Mittelmäßigkeit, in die Hoffmann leicht verfallen kann, wenn er sich aus seiner eigenen Epoche entfernt. In *Doge und Dogaresse* ist er um Haaresbreite am Abgrund des schlechten Geschmacks, am Genre-Bild vorbeigekommen. In *Meister Martin* fällt er längelang in die Pfütze der Banalität. Er weicht von sich selbst ab, und sein Stil wird dadurch verwandelt, dieser Stil, der in der Regel so typisch an der Originalität seiner Wendungen zu erkennen ist, an der ganz persönlichen Spontaneität bei der Wortwahl, an den Bildern voller Schlagkraft.

Hoffmanns Stil ändert sich kaum im Laufe der Jahre, ob es sich nun um seine Arbeit oder um seine private Korrespondenz handelt. Deswegen ist es auch nicht möglich, eine chronologische Identifizierung seiner Werke aus der Lektüre allein aufzustellen. Man ist ständig gezwungen, auf die Dokumente und die Bibliographie zurückzugreifen. Keine Perioden, die sich allmählich nacheinander entwickeln, noch plötzliche Wechsel, jedoch Werke von sehr ungleichem Wert, die verschiedenartigsten Konstruktionstechniken, die miteinander abwechseln, sich durchkreuzen, verschwinden, wieder auftauchen und die man graphisch in einer Zickzack-Linie darstellen könnte. Es sind vor allem Thema und Kurve des Aufbaus, die den größten Modifikationen unterliegen, während die Ausdrucksmittel und der Wortschatz ein für allemal festgelegt und spontan von der Art, wahrzunehmen und zu denken, die dem Autor eigentümlich ist, hervorgerufen scheinen.

Die Vorliebe für konstruktives Versuchen ist typisch für einen Komponisten. Manchmal hebt die Erzählung mit einem Prolog oder, besser, einer Art sehr langsam einsetzenden Prologes an, in dem jedoch die Hauptelemente der Geschichte in Gestalt von Anspielungen konzentriert sind. Hoffmann hat also gemeint, daß eine Ouvertüre nötig sei, und er behält sich vor, die Leitmotive systematisch über den Ablauf der Erzählung zu verteilen. Die Höhepunkte sind genau abgezirkelt. Dagegen kommt es aber auch vor, daß die Geschichte ganz jäh einsetzt, mitten in einer Handlung, doch selten ist es die Haupthandlung; letztere unterbricht die Nebenhandlung mit dem Beginn des zweiten Kapitels, das meist in einer anderen Tonart geschrieben ist. Es gibt also einen genau berechneten Wechsel zwischen Dur und Moll, wodurch die Spannung und das Interesse an der Geschichte wunderbar wachgehalten werden. Es ist natürlich möglich, daß ihm diese Art Aufbau, die seinerzeit ganz neu war, durch die Lektüre des «Seher» inspiriert worden ist. Immerhin ist es nicht überflüssig, anzumerken, daß er schon im Jahre 1795 anläßlich des

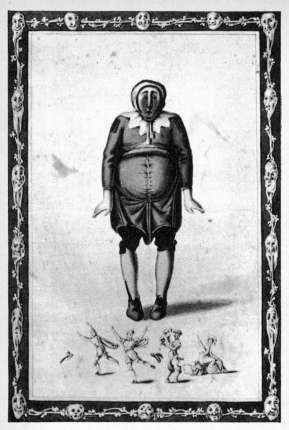

Der Schauspieler Unzelmann in dem Singspiel «Michel Angelo». Kolorierte Zeichnung von Hoffmann

Grafen Cornaro, der verlorengegangen ist, an Hippel schrieb: *Das Lärm in den ersten Bogen ist nicht ohne Ursache – Erst im 2 t. Teil erklärt's sich.*

Auch wenn der Autor das Anfangstempo verlangsamt, selbst wenn die Umwege und Mäander, zu denen er mitunter den Leser zwingt, heute als Längen angesehen werden können, so wird der verbale Schwung dadurch doch niemals gehemmt. Der nervöse und beschwingte Stil bereichert sich oft durch burleske Neologismen von unbestreitbarer Treffsicherheit. Diese Treffsicherheit erweist sich vor allem darin, daß das Adjektiv niemals auswechselbar ist. Es scheint,

Der Schauspieler Keselitz in «Figaros Hochzeit».
Kolorierte Zeichnung von Hoffmann

als habe er in dieser Hinsicht eine fast wissenschaftliche Kenntnis vom menschlichen Geist, eine außerordentliche Sicherheit in der terminologischen Wahl im Hinblick auf Assoziationen und mentale Reflexe besessen, die sie auslösen soll.

Dem Hoffmannschen Stil geht jede gefühlsbetonte Schönrednerei ab, in die viele romantische Dichter verfallen sind. Wenn manche für seine Epoche typischen Klischees hie und da seiner eiligen Feder entschlüpfen, werden sie meist von der Ironie und der Kraft, die das Ganze ausströmt, neutralisiert. Hoffmann hat sich in seiner Genialität manchmal die Lizenz einer Geschmacklosigkeit, einer Übertrei-

Madeleine de Scudéry

bung, des Jahrmarktsflitters erlaubt, doch immer weiß er ganz genau, «bis wohin man zu weit gehen kann».

Schon zu Lebzeiten Hoffmanns – und es scheint, daß das nicht anders geworden ist – teilten sich seine Leser in zwei unversöhnliche Feldlager, das seiner fanatischen Verächter und das seiner leidenschaftlichen Bewunderer.

Letztere konnten einen Punkt buchen, als gegen Ende des Jahres 1818 in einem von den Gebrüdern Wilmanns in Frankfurt am Main herausgegebenen Almanach *Das Fräulein von Scuderi* erschien. Die Novelle hat einen so ungeheuren Erfolg, daß der Verleger dem ausgemachten Honorar (4 Friedrichsd'or pro Bogen) noch eine Kiste mit fünfzig Flaschen des höchst berühmten Rüdesheimer Hinterhaus 1811 hinzufügt.

Die Idee zu der Erzählung *Das Fräulein von Scuderi*, die im Frühjahr 1818 entstand, war dem Dichter bei der Lektüre einer Anekdote in der Chronik von Wagenseil «De sacri Romani imperii libera civitate Noribergensi commentatio» gekommen; darin wird die Geschichte von den galanten Parisern berichtet, die Ludwig XIV. eine Petition eingereicht hatten, worin sie die Gefahren darlegten, denen die Beutelschneider sie in den nächtlichen Gassen von Paris aussetzten. Bei dieser Gelegenheit hätte Fräulein von Scudéry erklärt, daß «un amant qui craint les voleurs n'est point digne d'amour». Auf diesem Scherzwort baut Hoffmann auf; er entwickelt, erweitert und komplettiert die Anekdote. Dazu mußte er sich sehr eingehend über das Paris des 17. Jahrhunderts dokumentieren. Zu diesem Zweck las er «Le Siècle de Louis XIV» von Voltaire, «Les Causes célèbres et intéressantes» von Gayot de Pitaval, «Paris tel qui'il était et tel qu'il est» von Zimmermann usw.

Die dramatische Spannung der Erzählung ist dank der plötzlichen

Illustration zu «Das Fräulein von Scuderi».
Stich von W. Jurg nach J. H. Ramberg

Peripetien, der Antizipationen und der Verzögerungen der Handlung auf meisterhafte Weise durchgehalten. Es ist eigentlich die Technik, die später von den Verfassern von Kriminalromanen aufgegriffen werden wird. *Das Fräulein von Scuderi* ist eine Vorform der späteren Kriminalnovelle, deren Auflösung nur mittels logisch erklärbarer Tatsachen vor sich geht, denn der Wahnsinn Cardillacs kann keinesfalls als ein phantastisches Element, sondern nur als ein Phänomen aus dem Gebiet der Pathologie angesehen werden. Als Sohn des 18. Jahrhunderts weiß Hoffmann zu gegebener Zeit sich auch als einen ausgezeichneten Logiker zu erweisen; das hat er klar durch die Intrige dieser Novelle dargetan, in der nichts dem Zufall überlassen bleibt. Doch wie so oft, wenn Hoffmann in vergangene Zeiten abschweift, ist das Licht, das seine Gestalten umgibt, das eines Genre-Bildes. Er, der seine Zeitgenossen so treffsicher abzeichnen kann, der sie mit Magie und Seltsamkeit umkleidet, verfällt dann in die Perspektive, wie sie dem 19. Jahrhundert bei historischen Schilderungen eigentümlich war. Oft stimmt irgendein Zug im Charakter der Figuren nicht oder ihr Betragen ist falsch gesehen, sobald es sich um Personen aus vergangenen Jahrhunderten handelt. Wie es scheint, hat er ihr Lebensgefühl nicht zu erfassen vermocht.

In *Die Marquise de la Pivardière*, die Hoffmann 1820 schrieb und der er einen Fall aus «Les Causes célèbres et intéressantes» von Richer und Gayot de Pitaval zugrunde legte, scheint uns die Psychologie der Figuren ganz und gar durch die Romantik bedingt; wir wissen bestimmt dank dem unerschöpflichen Reichtum an Briefwechseln aus dem französischen 17. Jahrhundert, daß die Art, Sitten zu beurteilen, in der Gesellschaft jener Zeit sehr verschieden von der gewesen ist, die Hoffmann der jungen Franziska anläßlich des Dialogs mit der Herzogin d'Aiguillon beilegt.

Anders ist es bei den Novellen, deren Handlung in Italien spielt; Hoffmann scheint ein intuitives Ahnungsvermögen für alles gehabt zu haben, was dieses Land betrifft. Dank der Gelehrsamkeit von Carl Georg von Maassen wissen wir heute übrigens, welches die Quellen waren, die Hoffmann für die Abfassung von *Signor Formica* verwendet hat. In dieser Erzählung, deren tolle Verve an die der Commedia dell'arte denken läßt, dient eine von Salvator Rosa angezettelte Mystifikation als Grundlage der Intrige. Die Fabel besteht aus einem närrischen «imbroglio», das reich an pittoresken Verkleidungen und unwahrscheinlichen Situationen ist, dessen geheimes Räderwerk aber nichts Übernatürliches hat. Alles ist hier schön an seinem Ort, Hoffmann führt Regie, und wir spüren, daß es ihm sehr viel leichter fällt, einen Maler einen alten Geizhals prellen zu lassen, als einer vornehmen französischen Dame eine Moralpredigt in den

Illustration zu «Signor Formica».
Stich von F. Rosmäsler d. J. nach Carl Wilhelm Kolbe

Mund zu legen. Und wir merken auch, daß er sich ein klein wenig
mit Salvator Rosa, dem Maler, Komponisten, Dichter und Freund
von Mystifikationen, identifiziert hat.

Die gleiche Verve, das gleiche Lokalkolorit, die gleiche Quickle-
bendigkeit findet sich wieder in *Prinzessin Brambilla. Ein Capriccio
nach Jakob Callot.* Doch diese Erzählung ist sehr viel dichter und
dichterischer als *Signor Formica* und hat nicht dessen Flüchtigkeiten.
Das Phantastische und das Reale verschränken sich so eng, daß man
nicht unterscheiden kann, wo das eine beginnt und das andere aufhört. Während des Karnevals ist die Sicht verschoben, die Perspektiven geraten merkwürdig ins Gleiten, man glaubt, nicht recht gesehen zu haben, aber vielleicht hat man doch richtig gesehen, alles ist
ungewiß. Forse che si, forse che non. Die Gegenstände rundherum
werden von einem Spiel von Zerrspiegeln zurückgeworfen, aber ganz
anders, als sie sind, und dazwischen ziehen Figuren Gozzis vorüber,

Zauberer, der König Salomo, Verliebte, Maskierte, sie tauchen auf, singen, machen Sprünge und Kapriolen, verschwinden und tauchen abermals auf. Auch der Rahmen selbst ist von diesem Wechsel des Eindrucks nicht ausgeschlossen:

Die Marmorsäulen, welche die hohe Kuppel trugen, waren mit üppigen Blumenkränzen umwunden; das seltsame Laubwerk der Decke, man wußte nicht, waren es bald buntgefiederte Vögel, bald anmutige Kinder, bald wunderbare Tiergestalten, die darin verflochten, schien sich lebendig zu regen, und aus den Falten der goldnen Draperie des Thronhimmels leuchteten bald hier, bald dort freundlich lachende Antlitze holder Jungfrauen hervor.

Das kann man erleben, wenn man unversehens in den Palazzo Pistoja eintritt, der bei dieser Gelegenheit aufhört, in Rom zu stehen und sich ins Land Urdar verpflanzt. Bei dieser merkwürdigen Angelegenheit bleibt der größte Zauberkünstler, der beste Ciarlatano immer Hoffmann selbst. Er weiß, Gelächter zu wecken, er weiß, Angst zu machen, er knetet, verwandelt, bosselt und malt jeden Gegenstand nach seiner Phantasie; zieht Vorhänge, läßt Spiegel sich drehen, setzt Masken auf, schreibt kabbalistische Zeichen an die Wände, jagt Pantalone im Vordergrund der Bühne, schließt die Verliebten in einen Vogelkäfig ein, alles im Lauf dieser wundervollen Erzählung voll von den Seltsamkeiten des römischen Karnevals.

Die Kritik ist von *Prinzessin Brambilla* begeistert, und Heinrich Heine ruft aus: «*Prinzessin Brambilla* ist eine gar köstliche Schöne, und wem diese durch ihre Wunderlichkeit nicht den Kopf schwindlig macht, der hat gar keinen Kopf.» Dagegen sind Hoffmanns engere Freunde enttäuscht, Brambilla gefällt ihnen nicht, und Hitzig findet, daß Hoffmann nur ein «Nebeln und Schwebeln mit leeren Schatten, auf einem Schauplatz ohne Boden und Hintergrund» veranstaltet habe; er empfiehlt seinem Freund die Lektüre des «Astrologen» von Walter Scott als befolgenswertes Modell und Beispiel. Hoffmann liest denn auch diesen Roman und antwortet: *Ein ganz treffliches trefflliches Buch, in der größten Einfachheit reges lebendiges Leben und kräftige Wahrheit! – Aber! fern von mir liegt dieser Geist, und ich würde sehr übel tun, eine Ruhe erkünsteln zu wollen, die mir, wenigstens zur Zeit noch, durchaus gar nicht gegeben ist.*

Die Idee zu *Prinzessin Brambilla* hat in dem Dichter gekeimt, als er die «Balli di Sfessania» von Jacques Callot betrachtete, eine Serie, die ihm sein Freund Johann Koreff zum Geburtstag geschenkt hatte. *Prinzessin Brambilla* erscheint 1820 in einer auf 1821 vorausdatierten Ausgabe bei Joseph Max in Breslau. Die acht Stiche von Callot, die sie zieren, hat Hoffmann selbst ausgewählt. Offenbar sind sie tatsächlich die dem Text am besten entsprechenden, außerdem haben sie

Heinrich Heine. Radierung von E. Mandel nach F. Kugler

den Vorteil, in einer üblichen Ausgabe veröffentlicht werden zu können, was gewiß nicht bei allen «balli» der Fall war; die phallus-be-
wehrten Zanni, Smaraolo Cornuto oder Cucoronga, wie Callot sie
auf den Schaugerüsten des Jahrmarkts von Fescennia sah, waren
denn doch für das Deutschland des 19. Jahrhunderts von einer zu
hemmungslosen Deftigkeit. In der Ausgabe von 1820 sind die Stiche
leider seitenverkehrt reproduziert, und da der die Figuren umgeben-
de Dekor weggelassen wurde, heben sie sich von einem dunklen Hintergrund ab, der dem Stil Callots durchaus nicht entspricht. Es ist ein
verzuckerter, verniedlichter, neutralisierter Callot. Erst dem 20. Jahrhundert kommt das Verdienst zu, die wesentlichen Dokumentationen
über die Commedia dell'arte wieder bekanntgemacht zu haben.

Unter den Meisterwerken Hoffmanns ist *Prinzessin Brambilla* vielleicht dasjenige, das seine visuelle Subjektivität am besten zum Ausdruck bringt. In fast allen seinen Erzählungen bereits anklingend, erreicht sie einen ihrer Kulminationspunkte in *Klein Zaches genannt*

Umschlagzeichnung von Hoffmann zu «Klein Zaches»

Zinnober; auf ihr beruht die Intrige dieses Werkes, von dem er selbst sagt: *Wenigstens ist es bis jetzt das humoristischste, was ich geschrieben, und von meinen hiesigen Freunden als solches anerkannt.* (In einem Brief vom 27. Januar 1819 an Hippel.)

Gleich zu Beginn verrät der Autor dem Leser, was es mit der wahren Natur von Klein Zaches auf sich hat, dann lädt er ihn ein, an der schwankhaften Komödie der Irrungen teilzunehmen, deren «bezaubertes» Opfer die Gesellschaft ist. Mehr noch: diese Gesellschaft, deren Glieder alle durch die gleiche Illusion verblendet sind, hält jeden für aberwitzig, der sich die Integrität seiner Wahrnehmung bewahrt hat und die Wirklichkeit erkennt, wie es die arme Liese tut. Dieses satirische Element ist auf typische Weise vom Rationalismus des 18. Jahrhunderts geprägt, denn auch der Hurone bei Voltaire ist im Grunde nichts anderes als ein Mann mit gesundem Menschenverstand in einer Gesellschaft, die gleichfalls verzaubert ist, nämlich verzaubert von ihren Traditionen, ihren Tabus, ihren moralischen und religiösen Fabeln, die dem wahren Wesen des Menschen fremd sind. *Klein Zaches* ist eine düstere Allegorie auf alle Aberrationen, an die eine Herdengesellschaft sich verliert, eine prophetische Inkarnation des Wahnsinnigen, der ein Jahrhundert später Deutschland ins Verbrechen und in den Untergang führen sollte.

Doch wenn Hoffmann hier die Anhänger einer Herden-Ideologie persifliert, so versäumt er es doch nicht, in der Person des Fürsten Paphnutius auch den Rationalismus zu parodieren. Alle, deren Intellekt nicht ausreicht, erhalten eine Ohrfeige. Hoffmann spielt den Unschuldigen, wenn er jede gezielte Absicht ableugnet, denn die Kritiker suchten in *Klein Zaches* nach einem Symbol, zu dem sie den Schlüssel zu finden trachteten, indem sie die willkürlichsten und transzendentesten Interpretationen gaben. Er äußert dazu:

Das Märchen «Klein Zaches, genannt Zinnober» (Berlin bei F. Dümmler 1819) enthält nichts weiter als die lose, lockre Ausführung einer scherzhaften Idee. Nicht wenig erstaunte indessen der Autor, als er auf eine Rezension stieß, in der diese zu augenblicklicher Belustigung ohne allen weitern Anspruch leicht hingeworfene Scherz mit ernsthafter wichtiger Miene zergliedert und sorgfältig jeder Quelle erwähnt wurde, aus der der Autor geschöpft haben sollte. Letzteres war ihm freilich insofern angenehm, als er dadurch Anlaß erhielt, jene Quellen selbst aufzusuchen und sein Wissen zu bereichern.

Nach Hitzig wäre er zu der Idee für diese Erzählung durch die Fiebervisionen angeregt worden, die ihn während der Krankheit verfolgten, von der er im Frühling 1818 befallen worden war. Einer Krankheit, die sich aus verschiedenen Leiden zusammensetzte: Leberstörungen, neuralgischen Schmerzen und einer verdächtigen Ge-

Adalbert von Chamisso.
Gemälde von Robert Reinick

schwulst an der Lende. Hoffmann schreibt das alles seiner sitzenden Lebensweise und der fürchterlichen Zugluft zu, der er anläßlich eines offiziellen Empfangs bei Hof in den Korridoren des Residenzschlosses ausgesetzt gewesen war. *Klein Zaches*, das Produkt des Fiebers und einer *ironisierenden Phantasie,* wie Hoffmann es in einem Begleitbrief zu dem Werk an den Fürsten von Pückler-Muskau ausdrückt, wird erst im Winter 1818/19 beendet. Im November 1818 bittet Hoffmann den in den Naturwissenschaften sehr beschlagenen Chamisso, ihm den Namen einer Art von Wikkelschwanz-Affen mitteilen zu wollen, *die sich etwa durch besondere Häßlichkeit auszeichnet.* Denn *ich brauche eben einen solchen Kerl!,* nämlich er soll in seinem Text Platz finden.

Ebenfalls an Chamisso wendet er sich für die *Datura fastuosa*, zu der dieser ihm bei einer ihrer ersten Begegnungen die Anregung gegeben hatte. Auch zu *Haimatochare* hat Chamisso ihn inspiriert, indem er ihm erzählte, wie er während seiner Forschungsreise rund um die Welt das Ziel hämischer Angriffe eines schwedischen Entomologen geworden sei. In seinem Brief vom 28. Februar 1819 unterbreitet Hoffmann seinem Freund den Plan, den er entworfen hat: es handle sich um eine in Briefform abgefaßte Novelle, die den Leser bis zum Schluß mystifizieren soll, wo dann herauskommt, daß Haimatochare nicht eine schöne Insulanerin ist, um deren Besitz die beiden Gelehrten in Konflikt geraten, sondern eine seltene Läusegattung. Chamisso liefert ihm dazu die naturwissenschaftlichen Bezeichnungen, und in den Wochen, die auf den ersten, diesen Gegenstand betreffenden Brief folgen, kritzelt Hoffmann oft eine einfache Frage auf einen Zettel und schickt ihn ihm durch einen Boten. Die amüsante *Haima-*

tochare, so oberflächlich sie auch ist, hat den Vorzug, erstaunlich modern in ihrer stilistischen Faktur zu sein. In der Form variiert sie je nach der Person, die der Autor reden läßt, etwas, was uns heute als selbstverständlich vorkommt, was es damals aber keineswegs war.

MORGEN SO HELL...

Hoffmanns Gesundheitszustand ist schlecht, sein Organismus so angegriffen, daß er die Notwendigkeit fühlt, eine Erholungsreise in die Schlesischen Berge zu machen. Drei *Briefe aus den Bergen* hat er uns hinterlassen, einen an eine Frau von B., vermutlich die Freundin aus den früheren Berliner Tagen, einen an seine liebe Johanna Eunicke und den letzten an Theodor Gottlieb von Hippel. Alle drei wurden ein Jahr nach der Reise geschrieben und 1820 in «Der Freimüthige» veröffentlicht. Man spürt, daß sie zwanglos in Eile und in kapriziöser Laune abgefaßt sind; die verwickeltsten Arabesken entrollen sich mühelos, denn sie sind der natürliche Ausdruck für Hoffmanns Temperament. Wie immer bei ihm sind die Naturschilderungen von großer Kargheit, doch die im Flug skizzierten Personen, etwa die philiströsen Reisenden und Bediensteten in den Gasthäusern, führen ein zappelndes, burleskes Ballett auf. So kommt uns die Schilderung einer table d'hôte in einem Badeort wie eine Antizipation der Karikaturen von Honoré Daumier vor. Hoffmann karikiert seine Zeitgenossen niemals, um sie schamrot zu machen und sie zur Besserung anzureizen, er tut es nur zu seinem eigenen Vergnügen, um der perversen Freude willen, die er dem Grotesken gegenüber verspürt.

Trotz der Strapazen der Reise hat der Kuraufenthalt in Schlesien ihm gut getan, und er schließt daraus, daß er wieder gesund ist.

In seinem abenteuerlichen Leben tritt endlich eine Ruhepause ein. Seine Liebe zu Johanna ist stark genug, ihn glücklich zu machen, aber so sanft, daß er nicht

K. W. Salice-Contessa

*Illustration von Theodor Hosemann zu «Der Kampf der
Sänger» aus den «Serapions-Brüdern».
Stich von F. Meyer nach Wolf*

darunter leidet; seine Behördentätigkeit, die nicht schlecht bezahlt
wird, läßt ihm die nötige Zeit zu seinen literarischen Arbeiten, die
großen Erfolg haben und ihm Honorare einbringen, bei deren Er-
wähnung *Herr Kunz sofort rücklings über in Ohnmacht sinken würde*, wie der Dichter in einem Brief vom 1. Mai 1820 an Dr. Speyer
schreibt. In dem gleichen Schreiben lädt er ihn ein, Berlin zu besuchen:

*Sie finden mich in einer kleinen bescheidnen Wohnung aber in
dem besten schönsten Teil der Stadt, am Gensdarmes-Markt gerade
über dem neuen Theatergebäude und ganz hübsch eingerichtet. Meine Stellung würde es mir erlauben, Sie mit den interessantesten*

Männern bekannt zu machen und Rücksichts des leiblichen Bedürf-
nisses würden Sie wohl auch ganz zufrieden sein. Was Eleganz der
Einrichtung und Feinheit und Fülle der Speisen betrifft, wetteifern
wir mit den Parisern und viele gibt es, die, echte Schmecker, die Re-
stauration bei Jagor unter den Linden noch der bei Verry in P. vorzie-
hen. Auch würde Ihnen Ihr gehorsamer Diener einen kleinen aber
exquisiten Weinkeller öffnen können, der sich noch neuerdings auf
eine angenehme Weise vermehrt hat.

Hoffmann geht weniger als jemals aus und widmet fast alle seine
Abende seiner literarischen Arbeit. Mit Pantoffeln aus grünem Saf-
fian an den Füßen, in einen türkischen Hausrock gehüllt, seine Pfeife
und seinen Kater neben sich, füllt er die Hefte mit seiner klaren
Handschrift. Er arbeitet an den *Serapions-Brüdern,* einer Sammlung
phantastischer Novellen, die fast alle schon einzeln erschienen sind.
Er bereichert sie durch ein paar neue Erzählungen und fügt sie zu
einem homogenen Ganzen zusammen, zu einer Art Chronik des
Übernatürlichen. Eingerahmt werden sie durch Dialoge von Freunden, die regelmäßig zusammenkommen, um zu erzählen. Sich selbst
und seine engsten Freunde porträtiert er darin: Hitzig unter den Zügen Ottmars, Salice-Contessa unter denen Sylvesters, Koreff in der
Gestalt des Vinzenz, Chamisso in der des Cyprian, Fouqué in der Lo-
thars und schließlich sich selbst als Theodor. Das Buch ist in acht Kapitel geteilt, die den acht Zusammenkünften der Serapionsbrüder
entsprechen. Wie es scheint, hat der Verleger Reimer ihm die Idee
eingegeben, einige seiner Novellen in einem einzigen Buch zu sam-
meln, wobei dann der Dichter sich der literarischen Zusammenkünf-
te im engsten Kreis in der Wohnung Hitzigs während des Jahres
1805 erinnert hat. Zuerst dachte er daran, den Titel «Seraphinsbrü-
der» dafür zu wählen, doch als Chamisso von seiner langen Kreuz-
fahrt zurückkommt und die Freunde sich ihm zu Ehren am Abend
des heiligen Serapion versammeln, verführt die pittoreske Figur dieses Eremiten aus dem 4. Jahrhundert den Dichter, und er entscheidet
sich für den endgültigen Titel.

Mit voller Absicht hat Hoffmann dem Werk einen gemischten Charakter gegeben. Wir finden darin phantastische Geschichten voller
Dramatik in engster Nachbarschaft von Märchen, wie zum Beispiel
dem von der *Königsbraut,* einer der reizendsten Arbeiten, die unter
der Feder des Dichters entstanden sind. Nicht einen Augenblick lang
hat der Leser das Gefühl, daß es sich darum handle, Ladenhüter aus-
zuwerten, alte Arbeiten aufzufrischen oder noch einmal an den Mann
zu bringen, was schon Erfolg gehabt hat. Hoffmann hat jedem seiner
Erzähler die Geschichten zugewiesen, die dessen Temperament am
besten entsprechen, nachdem der Charakter jedes einzelnen durch die

Reflexionen im Dialog der Freunde schon klar umrissen ist. So daß man wahrhaftig den Eindruck hat, eine Chronik, einen Bericht zu lesen, an dessen Zustandekommen eine ganze Gruppe teilgenommen habe. Gewiß, die Erzählungen sind sehr ungleich, aber fast alle doch von ungewöhnlicher Plastizität und illustrieren damit das, was Hoffmann zu Beginn des Werkes das *serapiontische Prinzip* nennt.

Dieses «serapiontische Prinzip» bedeutet, daß man nichts erzählen, nichts schildern soll, wovon man nicht eine ganz genaue innere Vorstellung hat, denn unmöglich wäre es, einem anderen etwas zu zeigen, was man nicht selbst aufs deutlichste sieht. Der Dichter muß also ein Seher sein, wie es der Graf von P... ist, der sich in dem Werk mit dem Anachoreten Serapion identifiziert hat. Der Dichter ist der lateinische «vates», der wie der Wahnsinnige sieht, was im Konkreten nicht existiert. Die dichterische Inspiration ist also wie die Geisteskrankheit ein Zustand, der auf der Einbildung im wahrsten Sinn des Wortes beruht und darauf, durch Abstraktion Formen, Gestalten und Situationen zu schaffen, die sinnenhaft genug sind, um zu überzeugen. Der Dichter kann seine Visionen auf überzeugende

*Illustration zu «Die Brautwahl» aus den «Serapions-Brüdern».
Stich von F. Meyer nach Wolf*

Weise mitteilen, während der Wahnsinnige oft nur ganz allein von der Wahrheit dessen überzeugt ist, was er bloß selbst erdacht hat und das nur für ihn existent ist. Darum hat Hoffmann eine sehr hohe Meinung von der außerordentlichen Aufgabe dessen, der durch eine Art magischen Akt sichtbar macht, was bisher unsichtbar gewesen war, ob es sich nun um den Maler handelt, der eine Linie zieht, oder um den Dichter, der einen Satz hinschreibt. Hoffmann hinterläßt uns also in den *Serapions-Brüdern* sein ästhetisches Testament, und dieses Testament war dazu berufen, auf die stilistische Entwicklung des 19. und 20. Jahrhunderts einen beträchtlichen Einfluß auszuüben.

Ohne das «serapiontische Prinzip» sind weder der Balzacsche Realismus noch der Naturalismus Maupassants möglich. Das will nicht sagen, daß die Keime zu diesem Prinzip nicht unbewußt und in latentem Zustand bei anderen, vor Hoffmann lebenden Autoren vorhanden gewesen seien, doch dadurch, daß er es präzise formulierte, hat er ihm einen ganz bestimmten Platz zugewiesen und spezielle Wirksamkeit verliehen.

Er selbst hat nie gegen dieses Prinzip gefehlt, und gerade in seinen geringeren Arbeiten stellen wir es oft mit größtem Erstaunen fest. *Die Hyänen* zum Beispiel ist eine Geschichte, die unter der Feder eines Autors, der dieses Prinzip vernachlässigte, in die Kategorie der gemeinsten Kolportage abgesunken wäre, während die Realität und Plastik der Vision ihm eine Überzeugungskraft verleihen, die den Leser bis zum Unbehagen beeindruckt.

Hoffmann zahlt für dieses dichterische Genie sehr teuer, denn die Vision zwingt sich ihm mit solcher Heftigkeit auf, daß sie ihn nicht mehr losläßt. Ist es der Alkohol, gelber und blauer Dämon des Punschs, der wie die Mandragora der Fabel ihrem Herrn erst die verborgenen Schätze enthüllt und sich dann gegen ihn wendet, um ihn zu vernichten? Ist es der Wahnsinn, der seine strohene Krone auf dem kahlen glatten Schädel schüttelt und den Dichter in den Abgrund des Grauens stößt? Wenn Hoffmann allein in seinem Arbeitszimmer ist, scheucht die Flamme der Kerzen im zitternden Wasser der Spiegel Gespenster und Nachtmahre auf. Die Kreaturen, die er selbst erdacht hat, verstecken sich in den Falten des Vorhangs, grinsen hinter den Möbeln hervor, Dapertutto bedroht ihn, Coppelius greift mit Spinnenfingern nach seinen Augen, Klein Zaches versucht ihn zu beißen. Da befällt Panik ihn. Schreie entschlüpfen ihm, bis Mischa mit der Lampe in der Tür erscheint.

Der größte Zauberkünstler wäre der, der sich auch selbst so weit verzaubern könnte, daß seine Zaubereien ihm als selbständige Erscheinungen vorkämen, hat Fichte gemeint, und es trifft auf Hoffmann mehr als auf irgend jemanden zu.

Dieser Tatbestand steht auch in Korrelation mit der Empfindung einer Verdoppelung, der der Dichter unterworfen ist. Manchmal versucht er, sie durch literarische Konstruktionen zu neutralisieren, in denen das Thema des Doppelgängers eine beruhigende rationale Erklärung findet, wie zum Beispiel in der Novelle mit dem Titel *Die Doppeltgänger*, deren definitive Fassung er 1821 geschrieben hat. Der erste Einfall dazu ist ihm schon 1815 gekommen, als er geplant hatte, den «Roman des Freiherrn von Vieren» zusammen mit Fouqué, Chamisso und Contessa zu schreiben, wobei jeder ein Viertel des Textes verfassen sollte. Doch da Chamisso und Fouqué es versäumt haben, diesen Plan auszuführen, nimmt Hoffmann seinen eigenen Text einige Jahre später wieder auf und gibt ihm eine endgültige Fassung.

Trotz der Energie, die die Abfassung der *Serapions-Brüder* von ihm fordert, schreibt Hoffmann auch weiterhin seine Musikkritiken und hat die Freude, im März 1820 einen freundschaftlichen Brief von Beethoven über den Artikel zu erhalten, den er über «Die Schlacht bei Vittoria» veröffentlicht hat.

Außerdem setzt der Dichter die Arbeit an dem Roman fort, dessen erste Partie er im Laufe des Winters beendet hat: *Lebens-Ansichten des Katers Murr nebst fragmentarischer Biographie des Kapellmeisters Johannes Kreisler in zufälligen Makulaturblättern.*

Es ist ein doppelter Roman, dessen Angelpunkt Kreisler ist, ein weiterentwickelter, gereifter Kreisler, reich an neuen Details, der in die merkwürdigste Romanintrige verwickelt wird, die man sich vorstellen kann, ein exzentrischer, bizarrer, von seiner Leidenschaft für Julia zerrissener Kreisler, der durch seine Schrullen den Hof eines kleinen Fürstentums skandalisiert, wo in den Alleen aus beschnittenen Taxushecken und den Grottentempelchen rätselhafte Gestalten erscheinen. Hoffmann hat sich nicht nur mit Kreisler, sondern auch mit Kater Murr identifiziert. Kreisler ist das geistige, intellektuelle und künstlerische Element, Abbild und Beispiel der schöpferischen Phantasie, die sich bei ihrem Aufschwung an der Armseligkeit der äußeren Umstände stößt; Murr ist die Allegorie der bürgerlichen Bequemlichkeit, des Konformismus und der verzärtelten Genüßlichkeit. Murr ist der durchtriebene Philister, der in jedem von uns schnurrt und schlummert, Freund der Schecks und Liebhaber von Geflügel. Und als burleskes Paradox glaubt Murr die Mentalität des Spießbürgers zu bekämpfen, wenn er an den Zusammenkünften einer Kater-Korporation teilnimmt, einer Entsprechung zu den Studenten-Korporationen, einer Brutstätte künstlich gepflegter Vorurteile, wo die Zeremonien einer sehr bezeichnenden Etikette nur das erstarrte Gegenstück zur bürgerlichen Etikette sind. Doch so sehr auf das Wohlleben bedacht Murr auch sein mag, er ist ein vollständiges

Illustration von Theodor Hosemann zu
«Lebens-Ansichten des Katers Murr»

Individuum mit Gefühlen und Gedanken, das in langen, verworren geschwätzigen Aperçus die simplistische Philosophie entwickelt, die seinem Temperament ansteht. Zuweilen läßt er sich sogar zu einer Inspiration hinreißen, die er für dichterisch hält, und verfaßt dann pathetische Sudelverse, denen Hoffmann parodistische Drolligkeit zu geben verstand: etwa jenes Sonett an Johanna Eunicke von Kater Murr, *étudiant en belles lettres et chanteur très renommé.*

Kreisler ist der Künstler, Murr der Beamte, und alle beide stammen von Hoffmann ab und bilden mit ihm zusammen eine seltsame Dreifaltigkeit. Murr ist viel zu persönlich, um die Allgemeingültigkeit des Charakters zu haben, wie sie den Tieren in der Fabel eigentümlich ist. Er ist demnach ein Beispiel, ohne ein Symbol zu sein; übrigens ist dieses Beispiel nicht von dem «Gestiefelten Kater» von Ludwig Tieck inspiriert, wie manche Kommentatoren angenommen haben, wobei sie sich auf die Bewunderung stützten, die Hoffmann für dieses Werk empfand, sondern ist nach einem lebenden Modell entworfen. Hoffmann hat die eine seiner Doppelnaturen in der Gestalt seines Hauskaters karikiert. In einem Brief an Dr. Speyer lobt er die Schönheit und Klugheit seines Katers Murr, der nach Hitzig gern «in dem Schubkasten des Schreibtisches seines Herrn, den er mit den Pfoten selbst aufzog, auf dessen Papieren» sich auszuruhen pflegte. Hoffmann hat sich also auch auf das harmlose Spiel eingelassen, das allen Tierfreunden vertraut ist und darin besteht, daß man den Tieren menschliche Gedanken unterschiebt.

Kater Murr in seiner Gesamtheit ist in vierunddreißig Kapitel unterteilt, die in der Weise abwechseln, daß die Handlung im spannendsten Augenblick launisch unterbrochen wird, wobei eine jähe Änderung in der Perspektive bei jedem Wechsel eintritt, je nachdem, ob es sich um den Roman Kreislers oder die Abenteuer von Murr handelt. Diese Technik der Unterbrechungen, Abschweifungen und Einschübe ist eigentlich von Sterne zum erstenmal benützt worden. Doch beim Erscheinen von *Kater Murr* verfehlten die Kritiker nicht, Hoffmann vorzuwerfen, er ahme den Stil Jean Pauls nach, da sie namentlich die gleiche Konstruktionsweise feststellen zu können glaubten. Heinrich Heine dagegen ist nicht dieser Ansicht; als ein Jahr später *Meister Floh* erschien, den Heine übrigens sehr viel weniger schätzte als die anderen Erzählungen, schrieb er in einem seiner «Briefe aus Berlin»: «Hoffmann ist ganz original. Die, welche ihn Nachahmer von Jean Paul nennen, verstehen weder den einen noch den andern. Beider Dichtungen haben einen entgegengesetzten Charakter.»

Der erste Teil von *Kater Murr* erschien im Herbst 1819 bei Dümmler. Da das Lesen der Korrekturen mit der Reise nach Schlesien zusammenfiel, mußte Hitzig es übernehmen, wofür der Dichter ihn durch das Geschenk einer Kristallschale belohnte, worauf das Porträt des Angora-Philosophen eingraviert war, nebst der Widmung: *Der junge Autor seinem vielgeliebten Correktor.* Der zweite Teil des Romans erschien schließlich 1821 (vordatiert auf 1822). Hoffmann hatte die Absicht, noch einen dritten und letzten Teil zu schreiben, wofür er das Material in den *Flüchtigen Bemerkungen und Gedanken über mancherlei* bereits zusammengetragen hatte. Walther Harich nimmt an, sie seien zu dem Zweck verfaßt, als spätere Reflexionen des Katers Murr zu dienen.

Kreisler im Wahnsinn. Bleistiftzeichnung von Hoffmann, 1822

Doch unvermittelt fügt Hoffmann dem zweiten Teil ein Nachwort an, worin er seinem Publikum mitteilt, daß Murr sich zu seinen Vätern versammelt habe, ohne die Muße zu finden, seine *Meinungen* zu beenden; der dritte Teil werde also nur ein paar postume Aphorismen des Katers an den gehörigen Stellen enthalten.

Am 1. Dezember sandte Hoffmann übrigens seinen Freunden eine merkwürdige Todesanzeige:

In der Nacht vom 29 t. bis zum 30. November d. J. entschlief, um zu einem bessern Dasein zu erwachen, mein theuer geliebter Zögling der Kater Murr im vierten Jahre seines hoffnungsvollen Lebens. Wer den verewigten Jüngling kannte, wer ihn wandeln sah auf der Bahn der Tugend und des Rechts, mißt meinen Schmerz und ehrt ihn durch Schweigen.
Berlin d. 1. Dzbr. 1821   *Hoffmann*

Illustration von Theodor Hosemann zu «Meister Floh»

Immer wenn Hoffmann Schmerz empfand oder Furcht, fand er einen Scherz. Der Tod seines geliebten Murr scheint ihm ein Vorzeichen seines nahen Abscheidens, während die Freunde, die es so nicht sehen, sich nur darüber wundern, daß der Tod eines Katers ihn so mitnehmen könnte. Die geistige Seltsamkeit, die exzessive Sensibilität des Dichters scheinen in seinen letzten Lebensmonaten noch zuzunehmen. Obwohl ein schrecklicher Rückfall in seine Krankheit eintritt, ist keine Rede davon, daß er sich schont. Die Verleger erwarten ungeduldig seine Texte, und er selbst, dessen Ausgaben seine Einkünfte stets überschreiten, bedrängt sie unablässig, um Vorschußzahlungen zu erhalten.

Hoffmann hat den Mut eines Dandy; zusammengekrümmt schlüpft

er in *den Rock von allerseltsamster Farbe, wäre der Kragen nicht noch von seltsamerer,* und geht, seine Freunde bei «Jagor» zu Champagner einzuladen.

Sein vagabundierender Geist entführt ihn in neue Mäander, und er schreibt noch *Der Elementargeist,* die Geschichte der Leidenschaft eines Sterblichen zu einem Sukkubus. Der Erfolg des *Katers Murr* treibt ihn an, einen weiteren Roman zu planen, «Jacobus Schnellpfeffer», den er zum erstenmal in einem Brief vom Oktober 1820 an Hitzig erwähnt. Doch diesen Plan wird er nicht mehr ausführen können, seine Tage sind gezählt, und so besitzen wir von ihm nur zwei Romane, da *Der Geheimnisvolle* und *Cornaro* nicht auf uns gekommen sind. Nach dem Tod seines Freundes hat Hitzig nur ein paar fragmentarische Notizen zu «Jacobus Schnellpfeffer» veröffentlichen können, die er in seine Biographie des Dichters aufnahm.

Im Februar 1822 beendet Hoffmann seinen *Meister Floh. Ein Mährchen in sieben Abentheuern zweier Freunde.* Heinrich Heine, der aufmerksam die Entwicklung des ganzen Hoffmannschen Werkes verfolgt, reiht *Meister Floh* unter die weniger geglückten Arbeiten ein und schreibt: «Das Buch hat keine Haltung, keinen großen Mittelpunkt, keinen innern Kitt.» Das stimmt freilich, ist jedoch nicht verwunderlich, wenn man bedenkt, daß Hoffmann, der die Erzählung schon im Sommer 1821 geplant hatte, nur sehr sporadisch daran arbeitete; die langen Zwischenpausen waren durch die Abfassung von zahlreichen Musikkritiken und von dem zweiten Teil des *Katers Murr* ausgefüllt. Da Hoffmann zudem jedes der sieben Abenteuer aus *Meister Floh* sofort nach der Niederschrift an den Verleger abschickt und davon keine Kopie zurückbehält, ist er gezwungen, aus dem Gedächtnis die einmal begonnene Erzählung weiterzuspinnen. Es überrascht also keineswegs, daß es störende Unterbrechungen der Kontinuität in der Entwicklung der Fabel gibt.

Doch die packende Poesie der Erzählungen Hoffmanns zeigt sich auch wieder überall in *Meister Floh.* Gewiß, die Abenteuer haben nicht die Dichte der Vigilien in *Der goldne Topf,* doch wir finden wiederum die magischen Leitmotive, die den Ruf des Dichters begründet haben; den Doppelgänger, die Ubiquität, die Verwandlung und auch die Aufhebung der Dauer, wie später bei den Symbolisten.

Diese Aufhebung der Zeitdauer war schon der Angelpunkt in *Ritter Gluck* gewesen. Sie ist die offene Tür für alle Unmöglichkeiten. Wird die Zeit aus den Grenzen gehoben, die der Mensch ihr beimißt, so springt auch der Raum aus seinen Angeln. Es ergibt sich daraus, daß sich alle herkömmlichen Voraussetzungen verzerren, so daß auf einmal alle Kombinationen der Phantasie möglich werden. Hier liegt einer der Schlüssel zu Hoffmanns Werken, und wir begreifen also, daß, wenn der Hund Berganza, von dem Cervantes spricht, Hoffmann begegnet, wenn Gluck zwanzig Jahre nach seinem in Wien erfolgten Tode sich in Berlin ergeht, und wenn Jan Swammerdamm 150 Jahre später, als er in Amsterdam gelebt hat, in Frankfurt am Main auftaucht, all das Bestandteil eines dichterischen Systems ist und nichts mit willkürlicher Ornamentik zu tun hat.

EINE DUMME GESCHICHTE

Dem Dichter stößt eine dumme Geschichte zu, die bei dem damaligen politischen Klima sich sehr rasch in eine heikle Geschichte verwandeln kann.

Nach den napoleonischen Kriegen gärt es in Deutschland von politischer Agitation. Trotz der Auflösung des Heiligen Römischen Reiches Deutscher Nation sind es noch immer die kleinen und großen Landesherren, die politisch maßgeblich sind. Denn die Länder und

Die Ermordung Kotzebues durch den Studenten Sand

Fürstentümer des ehemaligen Reichs haben sich unter ihren Dynasten unter dem Namen Deutscher Bund zusammengeschlossen, dessen Regierungsorgan der in Frankfurt am Main tagende Bundestag ist; seine Mitglieder, die Bundesgesandten, sind die Vertreter von 35 Monarchien und vier Freien Städten.

Sehr bald ist das Volk dahintergekommen, daß die Fürsten es zum Kampf gegen Napoleon nicht aufgerufen haben, um das Land zu verteidigen, sondern um zu verhüten, daß sich in Deutschland die Gedanken der großen Französischen Revolution ausbreiten. Innerhalb der studentischen Jugend bildet sich eine Reformbewegung, die durch Jahn mit seinen «Turnerbünden» zur Aktion getrieben wird. Der von Napoleon aufgelöste ehemalige «Tugendbund» hat sich in drei Gesellschaften, die häufig miteinander in Konflikt geraten, neu gegründet. Diese Bewegung, die sich für demokratisch und revolutionär ausgibt, weil sie die von Metternich ausgelöste Reaktion bekämpft, ist eigentlich nur demagogisch und nationalistisch, ebenso wie ja auch die Französische Revolution der Philosophen und Mirabeaus, die die Keime des Kosmopolitismus in sich trug, unter dem Einfluß der Girondisten in ein rein nationalistisches und chauvinistisches Unternehmen ausartete, und genauso wie der Sozialismus von Karl Marx sich zu einem bürokratischen und fremdenfeindlichen System verwandeln wird. Die Mitglieder der sogenannten Turnerbünde streben danach, die Sitten zu reinigen, die Jugend zu ertüchtigen und alle fremden Einflüsse zu bekämpfen. Mit dem gleichen Fanatismus verurteilten sie die Fürsten, den Katholizismus, den Rationalismus und den enzyklopädistischen Geist, die französische Sprache und die italienische Musik und propagierten einen militanten Patriotismus und die Ausdehnung nicht des deutschen, sondern des teutonischen Erbes. Man kann sich vorstellen, wie sehr einem Manne wie Hoffmann, dem Dichter, dem Original, dem Individualisten und Bewunderer des «Candide» und des «Tristram Shandy», diese Bestrebungen und Vereinigungen fremd, ja verhaßt waren. Er nennt ihre Vertreter *enthousiastische Rigoristen, hyperpatriotische Aszetiker.*

Als Hoffmann im Oktober 1819 zum Mitglied der «Immediat-Commission zur Ermittlung hochverräterischer Verbindungen» ernannt wird, gerät er bald schon in Konflikt mit dem Polizeidirektor von Kamptz, einem Strohmann des Innenministers von Schuckmann. Die Razzien, die willkürlichen und illegalen Verhaftungen, die skandalösen Verhältnisse in den Gefängnissen revoltieren E. T. A. Hoffmanns Ehrbegriff. Es ist ihm unmöglich, Beihilfe zu einem schmutzigen Vorgehen zu leihen, und die Schmutzigkeit herrscht auf beiden Seiten. Auf der einen Seite das Wartburgfest, Handstreiche, der Mord an Kotzebue; auf der anderen weit übers Ziel hinausschießende Repressalien und Pressezensur. *Ein ganzes Gewebe heilloser Willkür, frecher Nichtachtung aller Gesetze, persönlicher Animosität,* schreibt er im Juni 1820 an Hippel.

Hoffmann rührt sich; er protestiert im Namen der Gerechtigkeit und Legalität, weigert sich, sich korrumpieren zu lassen und reicht schließlich seine Demission als Mitglied der Untersuchungskommission ein.

Doch der satirische Schriftsteller kann dem Wunsch nicht widerstehen, den Polizeidirektor von Kamptz unter den Zügen des imbezilen Spitzels Knarrpanti in *Meister Floh* grausam zu karikieren. Der Polizeidirektor ist um so schneller darüber ins Bild gesetzt, als Hoffmann sich offen seiner Absichten gerühmt hat. Letzterer erfährt nun seinerseits, daß von Kamptz die Beschlagnahmung des Manuskriptes plant, während es bei dem Verleger Wilmans in Frankfurt am Main schon im Druck ist. Der Dichter begeht den Fehler, an seinen Verleger unter dem 19. Januar 1822 einen Brief zu schreiben, worin er ihn bittet, er möge doch die Stellen, die er ihm wörtlich zitiert, streichen, da sie ihm *gewisser Umstände halber großen Verdruß machen könnten.*

Natürlich wird der Brief von den Häschern von Kamptz' aufgefangen und den in Vorbereitung befindlichen «Akten Hoffmann» beigefügt. Der Polizeidirektor erhebt gegen den Dichter Klage, die durch «Amtshilfe» des Innenministers auch in die Hände des Staatskanzlers von Hardenberg gerät. Unterdessen hat von Kamptz beim Verleger auch das Manuskript von *Meister Floh* beschlagnahmen lassen. Friedrich Wilhelm III. wird informiert und befiehlt, daß man ihm binnen 24 Stunden die Aussagen Hoffmanns und das Protokoll seines Verhörs vorlegt.

Der Gesundheitszustand des Dichters hat sich so verschlimmert, daß es ihm nicht möglich ist, seinen Lehnstuhl zu verlassen. Der vom Tod schon Gezeichnete findet in sich noch Energie genug, den treuen Freunden Hippel und Hitzig, die ihm bei dieser Affäre beistehen, seine Verteidigung zu diktieren.

Ihre juristischen Kniffe und Listen, ihre zahlreichen Schritte scheinen nicht ergebnislos geblieben zu sein, denn die preußischen Behörden und die von Frankfurt am Main stellen eine Art Status quo wieder her, auf Grund dessen Erlaubnis erteilt wird, *Meister Floh* zu drucken, natürlich unter Streichung der inkriminierten Stellen. Die Affäre ist damit aber längst noch nicht erledigt. Trotz der Vermittlung einflußreicher Freunde und der lebhaften Proteste des Publikums zugunsten Hoffmanns mahlen die bürokratischen Mühlen weiter, und eine gegen ihn eingeleitete Disziplinar-Untersuchung nimmt ihren Fortgang.

Doch die Schreiber kritzeln langsamer, als der Tod herankommt. Georg Ellinger verdanken wir es, daß 1905 die zensurierten Seiten in den Geheimen Preußischen Staatsarchiven entdeckt worden sind. Der integrale Text von *Meister Floh* wurde zum erstenmal 1908 von Hans von Müller im Verlag Julius Bard in Berlin veröffentlicht.

Hoffmann übt bis zum Schluß seinen Literatenberuf aus. An den Lehnstuhl gefesselt, sitzt er am Fenster, und die zwangsweise Beobachtung des Gendarmenmarktes inspiriert ihn zu der Skizze *Des Vetters Eckfenster*, worin er sich melancholisch mit dem gleichfalls gelähmten Scarron vergleicht. Von seinem Fenster aus beobachtet er die Menschheit, der er bald nicht mehr zugehören wird. Er betrachtet die Berliner Straßen drunten, die er so geliebt hat, und wo der Teufel mit geschweiftem Zylinder sich eilig an sein Werk macht. Hoffmann schaut hinab, souverän, bitter, nachsichtig.

Niemals beklagt er sich, trotz der Behandlung, der die Ärzte ihn unterziehen, denn damals glaubt man, die Lähmung, an der er leidet, durch Verbrennungen heilen zu können. *Riechen Sie den Bratengeruch?* fragt er lachend die betroffenen Freunde, die ihn besuchen kommen. Im Laufe des April versagen die Hände ihm jeden Dienst, und er sieht sich gezwungen, zu diktieren. Mischa sitzt an seinem Krankenbett, dient ihm als Sekretärin und schreibt die drei letzten Novellen ihres Mannes mit: *Meister Johannes Wacht, Der Feind,* die beide von ziemlich schwacher Textur sind und ein sehr verständliches Nachlassen verraten, und schließlich *Die Genesung,* ein wirklich hoffmanneskes Fragment, in dem das Adjektiv *grün* die Funktion einer magischen Beschwörung hat. Denn grün ist in diesem Monat Mai das Kleid der Erde, in der er bald ruhen wird. *O! Grün, Grün! mein mütterliches Grün! – Nimm mich auf in deine Arme!*

Sehnsucht nach der Verschmelzung mit der universalen Seele, der Wunsch, heimlich noch im Grashalm und in der Biene weiterzuleben, Lockung der Ewigkeit, wenn auch einer biologischen und anonymen. Zu Erde werden, noch ein winziges Teilchen sein, ein Atom der großen kosmischen Natur.

Allen, die er liebt, sagt er Adieu; es gelingt ihm sogar, der Köchin heimlich ein Billett an Johanna zu diktieren, gelöste, ganz einfache, fast heitere Zeilen, die nichts Pathetisches oder Herzzerreißendes haben, die aber gerade darum um so erschütternder sind, wenn man weiß, unter welchen Bedingungen sie geschrieben wurden. Johanna, Undine, Morgen so hell. Es ist sein vorletzter Brief, der letzte ist an einen Verleger, eine Bitte um Geld: *Sie boten mir auf diese Erzählung einen Vorschuß von zwanzig Louisdor an, den ich damals nicht zu gebrauchen glaubte. Die unerwartete Verlängerung meiner Krankheit macht ihn mir jetzt wünschenswert.*

Mit nichts hat er gespart, weder mit Geld noch mit den Kräften noch mit seinem Geist. Am 26. März hat er wohl ein Testament zugunsten Mischas diktiert, aber in Wirklichkeit hinterläßt er soviel Schulden, daß seine Gefährtin gezwungen ist, den Nachlaß abzulehnen.

Hört er, als er am 25. Juni 1822 erlischt, noch wie Novalis den Gesang des Alls: «Gesänge und Hymnen steigen in mir»? Der Tod zerbricht endlich den Kristall, das Gefängnis, in dem er so stolz und so einsam gewesen ist.

Am 28. Juni bringen die Freunde ihn auf den Friedhof bei der Jerusalemer Kirche. Der Grabstein, den Mischa ihrem so demütig geliebten Gatten zu setzen zu mittellos war, war das letzte Geschenk seiner Freunde.

Im siebenundvierzigsten Lebensjahr verstorben, hinterließ dieser in mehr als einer Hinsicht seltsame und geniale Mensch der Weltliteratur zwei Romane und mehr als siebzig Erzählungen. Kapriziös, ungleich und zauberhaft hat er in der Geschichte der europäischen Literatur vor allem einen Namen hinterlassen, dessen Glanz weder der Merkantilismus der öffentlichen Amüsierer noch die Legenden der Banausen auslöschen können.

E. T. A. Hoffmann

ZEITTAFEL

1776   Am 24. Januar in Königsberg geboren
1782   Beginn des Besuchs der reformierten Burgschule zu Königsberg
1792   Studium der Rechte an der Universität Königsberg
1795   Examen eines Regierungs-Auskultators. Beginn der Amtstätigkeit in Königsberg
1796   Versetzung nach Glogau
1797   Reise nach Königsberg
1798   Verlobung mit Minna Dörffer. Referendar-Examen und Versetzung nach Berlin. Reise nach Dresden
1800   Assessor-Examen. Ernennung in Posen
1802   Lösung der Verlobung mit Minna. Am 26. Juli heiratet E. T. A. Hoffmann Maria Thekla Michalina Rorer-Trzynska. Übersiedlung nach Plock
1804   Reise nach Königsberg und Leistenau. Ernennung zum Regierungsrat in Warschau
1805   Geburt der Tochter Cäzilia
1806   Musikalische Gesellschaft. Hoffmann tritt erstmalig als Dirigent auf. Warschau wird von den Franzosen besetzt
1807   Reise nach Berlin. Tod der Tochter Cäzilia
1808   Kapellmeisterstelle am Bamberger Theater. Reise nach Glogau und dann nach Posen. Ankunft in Bamberg
1809   Bankrott des Theaters
1810   Hoffmann als «Direktionsgehilfe», Hauskomponist, Bühnenarchitekt und Kulissenmaler am Bamberger Theater
1811   Hoffmann gibt seine Tätigkeit als «Direktionsgehilfe» am Theater auf. Julia
1812   Hoffmann verläßt das Bamberger Theater. Reise nach Würzburg. Hochzeit Julias
1813   Dresden. Leipzig. Wieder Dresden. Arbeit am Theater. Belagerung und Eroberung Dresdens durch die Franzosen. Nochmals Leipzig
1814   Auseinandersetzung mit Seconda. Entlassung aus dem Theater. Berlin
1815   Im Justizministerium tätig als Expedient
1816   Ernennung zum Rat am Kammergericht
1819   Schwere Erkrankung. Reise nach Schlesien. Ernennung zum Mitglied der «Immediat-Commission zur Ermittlung hochverräterischer Verbindungen und anderer gefährlicher Umtriebe»
1820   Protest Hoffmanns gegen die Verhaftung Jahns
1821   Hoffmann erwirkt seine Entlassung aus der Kommission. Ernennung zum Mitglied des Oberappellationssenates am Kammergericht
1822   Letzte Krankheit. Einleitung eines Disziplinarverfahrens. Hoffmann stirbt am 25. Juni und wird am 28. Juni beigesetzt

JEAN PAUL

[Über «Fantasiestücke in Callot's Manier»:] In rein-ironischer und
launiger Verkleinerung sind die ekeln Kunstliebeleien mit Künsten
und Kunstliebhabern zugleich gemalt; der Umriß ist scharf, die Farben sind warm und das Ganze voll Seele und Freiheit. Am dichtesten
läßt der Verf. seinen satirischen Feuerregen auf die musikalische
Schöntuerei niederfallen, zumal in der trefflichen Nr. III. «Kreisleriana»... Bei Nro. V. «Nachricht von den neuesten Schicksalen des
Hundes Berganza» merkt der H. Verf. bloß an, daß er eine Fortsetzung der beiden Hunde Scipio und Berganza in Cervantes' Erzählungen gebe. Er gibt etwas Gutes, und seinen Hund benützt er zum Gespräche mit einem Menschen, oft humoristischer als selber Cervantes...

Vorrede zu: E. T. A. Hoffmann,
Fantasiestücke in Callot's Manier. 1814

CARL MARIA VON WEBER

[Über die Komposition der Oper «Undine»:] Das ganze Werk ist
eines der geistvollsten, das uns die neuere Zeit geschenkt hat. Es ist
das schöne Resultat der vollkommensten Vertrautheit und Erfassung
des Gegenstandes, vollbracht durch tief überlegten Ideengang und Be-
rechnung der Wirkungen alles Kunst-Materials, zum Werke der
schönen Kunst gestempelt durch schöne und innig gedachte Melo-
dien.

Allgemeine Musikalische Zeitung. 19. März 1817

ADALBERT VON CHAMISSO

Unser Hoffmann ist wohl noch eigentümlicher örtlicher deutsch als
Jean Paul – unverständlicher und fremder für Euch [Franzosen] – jetzt
unstreitig unser erster Humorist. Er läßt den Hund Berganza von
Cervantes, meinen Schlemihl und was alles nicht, wieder auftreten,
in seinem Klein Zaches, das lieblichste Märchen, mich selbst...

An Louis de la Foye. Februar 1819

LUDWIG VAN BEETHOVEN

Ich ergreife die Gelegenheit... mich einem so geistreichen Manne, wie Sie sind, zu nähern. Auch über meine Wenigkeit haben Sie geschrieben... Sie nehmen also, wie ich glauben muß, einigen Anteil an mir. Erlauben Sie mir zu sagen, daß dieses von einem mit so ausgezeichneten Eigenschaften begabten Manne Ihresgleichen mir sehr wohl tut. Ich wünsche Ihnen alles Schöne und Gute und bin

Ew. Wohlgeboren mit Hochachtung ergebenster Beethoven.
An E. T. A. Hoffmann. 23. März 1820

WALTER SCOTT

Fürwahr, die Begeisterungen Hoffmanns gleichen oft den Einbildungen, die ein unmäßiger Gebrauch des Opiums hervorbringt und welche mehr den Beistand des Arztes als des Kritikers fordern möchten. Und wenn wir auch anerkennen, daß der Autor, wenn er seiner Einbildungskraft ernster geboten hätte, ein Schriftsteller der ersten Bedeutung geworden wäre... seine Werke jedoch, wie sie gegenwärtig liegen, dürften nicht als Muster der Nachahmung aufzustellen sein, vielmehr als Warnungstafeln, die uns anschaulich machen, wie die fruchtbarste Einbildungskraft erschöpft werden kann durch einen leichtsinnigen Verschwendungstrieb des Besitzers.
The Foreign Quarterly Review. Juli 1827

JOHANN WOLFGANG VON GOETHE

Wir können den reichen Inhalt dieses Artikels [Walter Scott über E. T. A. Hoffmann] unsern Lesern nicht genugsam empfehlen: denn welcher treue, für Nationalbildung besorgte Teilnehmer hat nicht mit Trauer gesehen, daß die krankhaften Werke jenes leidenden Mannes lange Jahre in Deutschland wirksam gewesen und solche Verirrungen als bedeutend fördernde Neuigkeiten gesunden Gemütern eingeimpft worden.
Goethe, Nachgelassene Werke. 1833

HEINRICH HEINE

Bei uns in Deutschland ist jetzt Hoffmann keineswegs in Vogue, aber er war es früher. In seiner Periode wurde er viel gelesen, aber nur von Menschen, deren Nerven zu stark oder zu schwach waren, als daß sie von gelinden Akkorden affiziert werden konnten. Die eigentlichen Geistreichen und die poetischen Naturen wollten nichts von ihm wissen. Diesen war der Novalis viel lieber. Aber, ehrlich gestanden, Hoffmann war als Dichter viel bedeutender als Novalis. Denn letzterer, mit seinen idealischen Gebilden, schwebt immer in der blauen Luft, während Hoffmann, mit allen seinen bizarren Fratzen, sich doch immer an der irdischen Realität festklammert.

Heine, Die romantische Schule. 1836

FJODOR M. DOSTOJEVSKIJ

Ach, wie haben wir diesen Abend zugebracht! Wir dachten an unser Winterleben, an unsere Gespräche über Homer, Schiller und Hoffmann, den wir so eifrig gelesen, über den wir soviel gesprochen hatten.

An den Bruder Michail. 1. Januar 1840

FRIEDRICH HEBBEL

Das Meiste von Hoffmann hat sich überlebt, aber seine Elixiere des Teufels sind und bleiben ein höchst bedeutendes Buch, so voll warmen, glühenden Lebens, so wunderbar angelegt und mit solcher Konsequenz durchgeführt, daß, wenn es noch keine Gattung gibt, der Darstellungen dieser Art angehören, das Buch eine eigne Gattung bilden wird. Hoffmann gehört mit zu meinen Jugendbekannten, und es ist recht gut, daß er mich früh berührte; ich erinnere mich sehr wohl, daß ich von ihm zuerst auf das Leben, als die einzige Quelle echter Poesie, hingewiesen wurde... Ich liebte Hoffmann sehr, ich liebe ihn noch, und die Lektüre der Elixiere gibt mir die Hoffnung, daß ich ihn ewig werde lieben können.

Tagebuch. 9. Januar 1842

JOSEPH FREIHERR VON EICHENDORFF

So sehen wir jetzt die Romantik, nach ihrem geistigen Abfall, ihren Flug von der erstrebten und zum Teil wirklich erschwungenen Höhe unaufhaltsam immer rascher und tiefer bis zum Gemeinen wieder hinabsenken... Das treffendste Bild dieses Ausganges bietet Hoffmann dar. Glimpf und Schimpf, Verstand und Überschwenglichkeit,

Grauen und schallendes Gelächter, Rührung und ironischer Hohn ringen und fressen hier, wie die bekannten beiden Löwen, einander in Verzweiflung wechselseitig auf, daß nichts als die Schweife übrig bleibt... Und dies eben war das Charakteristische bei Hoffmann, daß er – ganz im Gegensatz von Brentano – anstatt das Dämonische in sich zu bekämpfen, es vielmehr recht mit Vorliebe und gleichsam aus einem wunderlich mißverstandenen Pflichtgefühl, auf alle Weise groß zog und hegte und hätschelte. Dies zeigt sich zunächst in einem innerlichen Sichgehenlassen auf Rechnung des exklusiven Genies, in einer Liebhaberei seiner selbst, einem völligen Dilettantismus in Kunst und Leben. Musik, Malerei, Poesie, ja selbst die Liebe trieb er eigentlich nur als Dilettant...

Eichendorff, Geschichte der poetischen Literatur Deutschlands.

1857

PAUL ERNST

Eins der schönsten Werke Hoffmanns ist «Prinzessin Brambilla»... Wie reizvoll ist es für uns ernsthafte Menschen von heute, sich diesem wunderlichen Wirrwarr hinzugeben, diese liederlichen Leiden zu verfolgen und den bunten Flitter vor den Augen wirbeln zu sehen; das ist eine heitere, leichte Kunst, die uns über das Leben hinweghebt, ohne uns zu betrügen, und auch ohne uns zu Höherem emporführen zu wollen; ein elegantes und feines Fabulieren, wie es sehr gebildete Menschen erfreuen mag.

1899

RICARDA HUCH

Hoffmann hatte keinen weltumfassenden Blick, und das sicherte ihm eben eine bedeutende Wirkung innerhalb gewisser Grenzen. Wer möchte ihn einen großen Dichter nennen? Er durchmaß den Strom des Lebens nicht in seiner ganzen Tiefe und Breite, so daß er seine Gewalt und Erhabenheit, seinen Glanz, sein Rauschen, seine Geheimnisse hätte offenbaren können; aber er verschmähte doch törichte und heuchlerische Dekorationen, schöpfte vielmehr das Wunderbare aus der Seele des Menschen, indem er tiefer, bis zu ihrer Nachtseite, hineinschaute. Daß er mit einem Blick die Erscheinung und ihr Mysterium erfassen konnte, macht ihn bedeutend.

Huch, Ausbreitung und Verfall der Romantik. 1902

Hans Pfitzner

Seine Melodik wird für diejenigen, die in ihm nur den Teufelsfrat-
zenbeschwörer sehen, eine große Überraschung sein; namentlich
manche liedförmigen Stücke würden, gäbe man sie für echte Mozarts
aus, gar manchen orthodoxen Bekenner der Schönheit hinters Licht
führen... Und wenn ihm... auch nie ein Werk von höchster Potenz
gelungen ist, so spricht aus der an sich ungenialen Musik dennoch
mit größter Deutlichkeit der geniale Mensch, dem als Dichter ver-
gönnt war, einen ewigen Ausdruck zu finden. Und wenn seine «Undine» auch nicht mehr zu wirklichem Leben zu erwecken sein sollte,
so spielt sie doch hinter den Kulissen der Musikgeschichte vielleicht
eine größere Rolle, als man denkt, und präsentiert sich in so fach-
männisch tüchtigem Gewande, daß sie sich in der besten Gesellschaft
sehen lassen kann.

Süddeutsche Monatshefte. 1906

Richard Wagner

Leidenschaftlich unterhielt man sich oft über die Hoffmannschen Erzählungen, welche damals noch ziemlich neu und von großem Eindruck waren. Ich erhielt von hier an durch mein erstes, zunächst nur
oberflächliches Bekanntwerden mit diesem Phantastiker eine Anregung, welche sich längere Jahre hindurch bis zur exzentrischen Auf-
geregtheit steigerte und mich durch die sonderbarste Anschauungs-
weise der Welt beherrschte.

Wagner, Mein Leben. 1911

Stefan Zweig

Unirdische Welt, aus Rauch und Traum geformt, phantastisch in den
Figuren, das ist E. T. A. Hoffmanns Welt. Manchmal ist sie ganz
lind und süß, seine Erzählungen reine, vollkommene Träume, manchmal aber erinnert er sich mitten im Träumen an sich selbst und an
sein eigenes schief gewachsenes Leben: dann wird er bissig und böse,
zerrt die Menschen schief zu Karrikaturen und Unholden, nagelt das
Bildnis seiner Vorgesetzten, die ihn schinden und quälen, höhnisch
an die Wand seines Hasses – Gespenster der Wirklichkeit mitten im
gespenstischen Wirbel... Wer hundert Jahre Probe besteht, der hat
sie für immer bestanden, und so gehört E. T. A. Hoffmann – was er
nie geahnt, der arme Schächer am Kreuz der irdischen Nüchternheit

– zur ewigen Gilde der Dichter und Phantasten, die am Leben, das sie quält, die schönste Rache nehmen, indem sie ihm farbigere, vielfältigere Formen vorbildlich zeigen, als sie die Wirklichkeit erreicht.

Vorwort zu: E. T. A. Hoffmann, Princesse Brambilla. Paris 1928

WERNER BERGENGRUEN

Hoffmann ist ein Dichter der Erlösungssehnsucht, ein Dichter der gnadenhaft sich vollziehenden Erlösung, und unter diesem Aspekt sind auch seine unheimlichsten oder märchenhaft-drolligsten Geschichten zu begreifen... Man verzeiht ihm gern seine Mängel, denen zum Trotz er doch jeden Leser mit sich in die eigene Glut hineinreißt. Immer fasziniert seine unbestechliche Beobachtungsgabe, die scharf erfaßte Eigenart seiner Figuren, die Verve und Brillanz seines Fabulierens, die überströmende, souveräne, noch auf dem letzten Schmerzenslager triumphierende Phantasie. Sein Einfluß auf die deutsche und außerdeutsche Literatur ist nicht abzuschätzen.

Die großen Deutschen. 1956

BIBLIOGRAPHIE

Von den Ausgaben der Werke Hoffmanns werden die historisch wichtigen und die neueren Gesamtausgaben aufgeführt. Kleinere Auswahlsammlungen sowie Einzelausgaben werden nicht genannt, mit Ausnahme der kritischen Editionen Hans von Müllers, die zusammen mit seinen eigenwilligen Sammelausgaben als editorische Leistungen außerhalb der Gesamtausgaben Beachtung verdienen. – Die Einzelwerke Hoffmanns werden innerhalb der Gattungsgruppen chronologisch nach ihrem Erstdruck verzeichnet; bei den Erzählungen wird außerdem jeweils angegeben, in welche Sammlung der betr. Text später aufgenommen wurde. Von den musikalischen Rezensionen und kleineren Schriften kann hier nur eine Auswahl geboten werden. Auf die Erfassung von Hoffmanns Übersetzungen, Bearbeitungen, Kompositionen und Werken der bildenden Kunst muß in diesem Rahmen gänzlich verzichtet werden. Man konsultiere für den Zweck die unten genannten Verzeichnisse. – Bei der Sekundärliteratur beschränkt sich diese Bibliographie auf das wichtigste Schrifttum. Dabei bleiben Darstellungen Hoffmanns innerhalb literargeschichtlicher Epochenüberblicke (allg. Literatur zur Romantik u. ä.) oder größerer Sachzusammenhänge (Motiv-, Stil-, Gattungsgeschichten u. ä.) in der Regel unberücksichtigt. Erfaßt sind Bücher, Dissertationen und größere Einzelaufsätze, die Hoffmann als Hauptgegenstand behandeln. – Stand der Bibliographie: September 1965.

1. Bibliographien

ROSENBAUM, ALFRED: Ernst Theodor Wilhelm Hoffmann. In: KARL GOEDEKE, Grundriß zur Geschichte der deutschen Dichtung aus den Quellen. 2. Aufl. Bd. 8. Dresden 1905. S. 468–506; 713–714 – Forts. Bearb. von KLAUS KANZOG und WOLFGANG KRON. Bd. 14. Berlin 1959. S. 352–490; 1008–1014

SALOMON, GERHARD: E. T. A. Hoffmann Bibliographie. [1803–1871.] Weimar 1924. 80 S. – 2. verb. und verm. Aufl. [1803–1871.] Berlin, Leipzig 1927. 118 S., Abb. (Paetels Handbücher. 1) – Reprogr. Nachdruck. Hildesheim 1963

ELLINGER, GEORG, und FELIX HASSELBERG: Werke. [Schriften, Kompositionen, Werke der bildenden Kunst. Chronologisches Verzeichnis 1795–1822.] In: E. T. A. Hoffmann, Werke in fünfzehn Teilen. 2. erw. Aufl. Tl. 15,II [= Bd. 8,II]. Berlin, Leipzig 1927. S. 144–161

EHINGER, HANS: Verzeichnis der Kompositionen. Verzeichnis der musikalischen Schriften. Verzeichnis der Rezensionen. In: Ehinger, E. T. A. Hoffmann als Musiker und Musikschriftsteller. Olten, Köln 1954. S. 211–221; 258–262

Vgl. hierzu: FRIEDRICH SCHNAPP, Liste der Pseudoschriften. In: E. T. A. Hoffmann, Schriften zur Musik, Nachlese. München 1963. S. 401–402

KRON, WOLFGANG: Bibliographie. In: E. T. A. Hoffmann, Fantasie- und Nachtstücke. München 1960. S. 812–818 – In: E. T. A. Hoffmann, Die Elixiere des Teufels, Lebens-Ansichten des Katers Murr. München 1961. S. 716–720

SEGEBRECHT, WULF: Bibliographie. In: E. T. A. Hoffmann, Die Serapions-Brüder. München 1963. S. 1121–1131 – In: E. T. A. Hoffmann, Späte Werke. München 1965. S. 921–929

WERNER, HANS-GEORG: Literaturverzeichnis. In: Werner, E. T. A. Hoffmann. Darstellung und Deutung der Wirklichkeit im dichterischen Werk. Weimar 1962. (Beiträge zur deutschen Klassik. 13) S. 229–253

«Wem Reichtum nicht beschert ist . . .

...dem verschwinden die Goldstücke aus der Tasche, er weiß selbst nicht wie, er hat davon nichts als großen Verdruß und wird, je mehr Geld ihm zuströmt, nur desto ärmer», heißt es in «Klein Zaches».

Das war einmal und wird wohl bald ganz vorbei sein. Denn heute bemühen sich Banken und Sparkassen, Versicherungen, der Staat und Politiker darum, den Leuten zu erklären, daß Wohlstand jedem beschert sein kann.

KANZOG, KLAUS: Grundzüge der E. T. A.-Hoffmann-Forschung seit 1945. Mit einer Bibliographie. In: Mitt. der E. T. A. Hoffmann-Ges. 9 (1962), S. 1–30

2. Werke

I. Gesamt- und Auswahlausgaben

Ausgewählte Schriften. 15 Bde. [Bd. 1–10:] Berlin (Georg Reimer) 1827; [Bd. 11–15:] Stuttgart (Fr. Brodhag'sche Buchhandlung) 1839
Bd. 1–4:   Die Serapions-Brüder
Bd. 5:   Nachtstücke
Bd. 6:   Die Elixiere des Teufels
Bd. 7:   Phantasiestücke in Callot's Manier
Bd. 8:   Lebens-Ansichten des Katers Murr
Bd. 9:   Klein Zaches – Prinzessin Brambilla
Bd. 10:   Seltsame Leiden eines Theater-Direktors – Meister Floh
Bd. 11–12:   Erzählungen aus seinen letzten Lebensjahren
Bd. 13–15:   Leben und Nachlaß (von JULIUS EDUARD HITZIG)
Gesammelte Schriften. 12 Bde. Berlin (Georg Reimer) 1844–1845 [Mit Illustrationen.] – Neuausg. 1871–1873
Inhalt identisch mit der vorgenannten Ausg., Bd. 1–12.
Werke. 15 Bde. Berlin (Gustav Hempel) 1879–1883 (National-Bibliothek sämmtlicher deutscher Classiker) – Neuausg. 8 Bde. Leipzig (Gustav Hempel) 1902 (Hempel's Klassiker-Bibliothek)
Sämtliche Werke in fünfzehn Bänden. Hg. mit einer biographischen Einl. von EDUARD GRISEBACH. 15 Bde. Leipzig (Max Hesse) 1900 – Neue, um die musikalischen Schriften verm. Ausg. 1905
Bd. 1:   Fantasiestücke in Callot's Manier
Bd. 2:   Die Elixiere des Teufels
Bd. 3:   Nachtstücke
Bd. 4:   Seltsame Leiden eines Theater-Direktors
Bd. 5:   Klein Zaches
Bd. 6–9:   Die Serapions-Brüder
Bd. 10:   Lebens-Ansichten des Katers Murr
Bd. 11:   Prinzessin Brambilla
Bd. 12:   Meister Floh
Bd. 13–14:   Letzte Erzählungen
Bd. 15:   Musikalische Aufsätze und Rezensionen – Vermischte Schriften
Sämtliche Werke. Historisch-kritische Ausgabe mit Einl., Anm. und Lesarten von CARL GEORG VON MAASSEN. Bd. 1–4; 6–10. München, Leipzig (Georg Müller) 1908–1928 [Mit Illustrationen.] [Mehr nicht erschienen.] – Bd. 1–4. 2. unveränd. Aufl. 1912
Bd. 1:   Fantasiestücke in Callots Manier
Bd. 2:   Die Elixiere des Teufels
Bd. 3:   Nachtstücke
Bd. 4:   Seltsame Leiden eines Theater-Direktors – Klein Zaches
Bd. 6–8:   Die Serapions-Brüder, Bd. 2–4
Bd. 9–10:   Lebens-Ansichten des Katers Murr. Text
Werke in fünfzehn Teilen. Auf Grund der Hempelschen Ausgabe neu hg. mit Einl. und Anm. versehen von GEORG ELLINGER. 5 Bde. [auch 7 Bde.] Berlin, Leipzig, Wien, Stuttgart (Bong) 1912 (Goldene Klassiker-Bibliothek) – 2. erw. Aufl. 8 Bde. 1927
Tl. 1   [Bd. 1,I]:   Phantasiestücke in Callots Manier
Tl. 2   [Bd. 1,II]: Die Elixiere des Teufels

Poetische Werke. 6 Bde. Berlin (Aufbau-Verlag) 1958
Bd. 1:   Kleine Schriften – Fantasiestücke in Callots Manier – Selt-
          same Leiden eines Theaterdirektors
Bd. 2:   Die Elixiere des Teufels – Nachtstücke
Bd. 3–4: Die Serapionsbrüder
Bd. 5:   Klein Zaches – Lebensansichten des Katers Murr – Prinzessin
          Brambilla
Bd. 6:   Meister Floh – Briefe aus den Bergen – Letzte Erzählungen
[Sämtliche Werke in fünf Bänden.] 5 Bde. München (Winkler-Verlag) 1960
–1965 [Mit Illustrationen.]
Fantasie- und Nachtstücke. (Fantasiestücke in Callots Manier. Nachtstücke.
Seltsame Leiden eines Theater-Direktors.) Nach dem Text der Erstdrucke,
unter Hinzuziehung der Ausgaben von Carl Georg von Maassen und
Georg Ellinger, hg. und mit einem Nachwort versehen von WALTER
MÜLLER-SEIDEL, mit Anm. von WOLFGANG KRON. 1960
Die Elixiere des Teufels. Lebens-Ansichten des Katers Murr. Nach dem
Text der Erstausgaben, unter Hinzuziehung der Ausgaben von Carl
Georg von Maassen und Georg Ellinger, mit einem Nachwort von WAL-
TER MÜLLER-SEIDEL und Anm. von WOLFGANG KRON. 1961
Schriften zur Musik. Nachlese. Nach dem Text der Erstdrucke und Hand-
schriften hg. sowie mit Nachworten und Anm. versehen von FRIEDRICH
SCHNAPP. Mit mehreren, zum Teil kolorierten Zeichnungen von E. T. A.
Hoffmann. 1963
Vgl. hierzu: FRIEDRICH SCHNAPP, Selbstkritische Bemerkungen. In: Mitt.
der E. T. A. Hoffmann-Ges. 11 (1964), S. 23–37
Die Serapions-Brüder. Nach dem Text der Erstausgabe (1819–21) unter
Hinzuziehung der Ausgaben von Carl Georg von Maassen und Georg
Ellinger, mit einem Nachwort von WALTER MÜLLER-SEIDEL und Anm. von
WULF SEGEBRECHT. 1963
Späte Werke. Nach dem Text der Erstdrucke unter Hinzuziehung der
Ausgaben von Carl Georg von Maassen, Georg Ellinger und Hans von
Müller (Meister Floh), mit einem Nachwort von WALTER MÜLLER-SEIDEL
und Anm. von WULF SEGEBRECHT. 1965
Sämtliche poetischen Werke. Hg. von HANNSLUDWIG GEIGER. 3 Bde. Berlin,
Darmstadt (Tempel-Verlag) 1963 (Tempel-Klassiker)
Bd. 1:   Phantasiestücke – Elixiere – Nachtstücke – Leiden eines
          Theaterdirektors – Klein Zaches
Bd. 2:   Die Serapionsbrüder – Prinzessin Brambilla
Bd. 3:   Kater Murr – Meister Floh – Letzte Erzählungen
Gesammelte Werke. Nach den Texten der Erstdrucke neu hg. und mit Anm.
versehen von NINO ERNÉ. [Bd. 1–3:] Hamburg (Standard-Verlag) 1964–
1965; [ab Bd. 4:] Rheda (P. P. Kelen Verlagsgesellschaft) 1965 ff
Werke in fünf Bänden. Auf Grund der von Georg Ellinger besorgten Aus-
gabe von GISELA SPIEKERKÖTTER neu bearb. Aufl. 5 Bde. Zürich (H. R.
Stauffacher) 1965

II. Die Ausgaben Hans von Müllers

Das Kreislerbuch. Texte, Compositionen und Bilder zusammengestellt von
HANS VON MÜLLER. Leipzig (Insel-Verlag) 1903
Die Märchen der Serapionsbrüder. Erste kritische Ausgabe mit einem Nach-
wort von HANS VON MÜLLER. Berlin (Julius Bard) 1906 (Hortus delicia-
rum) – 2. Aufl. mit erneuertem Nachwort. 1920
Meister Floh. Ein Märchen in sieben Abentheuern zweier Freunde. Zum

ersten Male vollständig hg. von HANS VON MÜLLER. Berlin (Julius Bard) 1908

Das Sanctus und Die Brautwahl. Einl. von FRIEDRICH HOLTZE. Texte von HANS VON MÜLLER. Berlin (E. S. Mittler) 1910 (Schriften des Vereins für die Geschichte Berlins. 43)

Lebens-Ansichten des Katers Murr. Neu hg. von HANS VON MÜLLER. Leipzig (Insel-Verlag) 1916

Zwölf Berlinische Geschichten aus den Jahren 1551–1816. Nach der Folge der Handlung zusammengestellt und erl. von HANS VON MÜLLER. München (Georg Müller) 1921

Handzeichnungen in Faksimilelichtdruck nach den Originalen. Mit einer Einl.: E. T. A. Hoffmann als bildender Künstler. Hg. von WALTER STEFFEN und HANS VON MÜLLER. Berlin (Propyläen-Verlag) 1925

III. Einzelne Werke

a) Erzählungen und Märchen

Ritter Gluck. In: Allgemeine Musikalische Zeitung. Leipzig (Breitkopf und Härtel), 15. Februar 1809 – In: Fantasiestücke. Bd. 1

Johannes Kreisler's, des Kapellmeisters, musikalische Leiden. Ebd. 26. September 1810 – In: Fantasiestücke. Bd. 1

Des Kapellmeisters, Johannes Kreislers, Dissertatiuncula über den hohen Werth der Musik. Ebd. 29. Juli 1812 – U. d. T.: Gedanken über den hohen Werth der Musik. In: Fantasiestücke. Bd. 1

Don Juan. Eine fabelhafte Begebenheit, die sich mit einem reisenden Enthusiasten zugetragen. Ebd. 31. März 1813 – In: Fantasiestücke. Bd. 1

Der Dichter und der Componist. Ebd. 8. und 15. Dezember 1813 – In: Die Serapions-Brüder. Bd. 1

Höchst zerstreute Gedanken. Vom Kapellmeister J. Kreisler. In: Zeitung für die elegante Welt. Leipzig, 4.–8. Januar 1814 – In: Fantasiestücke. Bd. 1

Nachricht von einem gebildeten, jungen Mann. Aus den Papieren des Kapellmeisters, Johannes Kreisler. In: Allgemeine Musikalische Zeitung. Leipzig, 16. März 1814 – In: Fantasiestücke. Bd. 4

Die Automate. In: Zeitung für die elegante Welt. Leipzig, 7.–16. April 1814 – In: Die Serapions-Brüder. Bd. 2

Der Musikfeind. In: Allgemeine Musikalische Zeitung. Leipzig, 1. Juni 1814 – In: Fantasiestücke. Bd. 4

Brief des Baron Wallborn an den Kapellmeister Kreisler [von Friedrich Baron de la Motte Fouqué]. Der Kapellmeister Johannes Kreisler an den Baron Wallborn [von Hoffmann]. In: Die Musen, Eine norddeutsche Zeitschrift. Berlin, 3. Stück 1814 – In: Fantasiestücke. Bd. 4

Fantasiestücke in Callot's Manier. Blätter aus dem Tagebuche eines reisenden Enthusiasten. Mit einer Vorrede von Jean Paul. 4 Bde. Bamberg (C. F. Kunz) 1814–1815
    Bd. 1: Jaques Callot – Ritter Gluck. Eine Erinnerung aus dem Jahre 1809 – Kreisleriana (Johannes Kreisler's, des Kapellmeisters, musikalische Leiden. Ombra adorata! Gedanken über den hohen Werth der Musik. Beethovens Instrumental-Musik. Höchst zerstreute Gedanken. Der vollkommene Maschinist) – Don Juan. Eine fabelhafte Begebenheit, die sich mit einem reisenden Enthusiasten zugetragen

Bd. 2: Nachricht von den neuesten Schicksalen des Hundes Berganza –
Der Magnetiseur. Eine Familienbegebenheit
Bd. 3: Der goldene Topf. Ein Mährchen aus der neuen Zeit
Bd. 4: Die Abentheuer der Sylvester-Nacht – Kreisleriana (Brief des
Baron Wallborn an den Kapellmeister Kreisler. Brief des Kapellmeisters Kreisler an den Baron Wallborn. Kreislers musikalisch-
poetischer Clubb [enthaltend: Prinzessin Blandina]. Nachricht
von einem gebildeten jungen Mann. Der Musikfeind. Über einen Ausspruch Sachini's [recte: Sacchini's] und über den sogenannten Effect in der Musik. Johannes Kreislers Lehrbrief)
2. durchges. Aufl. in zwei Theilen. Bamberg (C. F. Kunz) 1819
Tl. 1: Jaques Callot – Ritter Gluck – Kreisleriana – Don Juan – Nachricht von den neuesten Schicksalen des Hundes Berganza
Tl. 2: Der Magnetiseur – Der goldne Topf – Die Abentheuer der Sylvester-Nacht – Kreisleriana [ohne: Prinzessin Blandina]
Die Fermate. Erzählung. In: Frauentaschenbuch für das Jahr 1816. Nürn-
berg 1815 – In: Serapions-Brüder. Bd. 1
Ahnungen aus dem Reiche der Töne. [Erste Fassung von: Johannes Kreis-
lers Lehrbrief. Aus: Fantasiestücke. Bd. 4.] In: Morgenblatt für gebil-
dete Stände. Stuttgart, 21. und 22. Februar 1816
Nußknacker und Mausekönig. In: Kinder-Mährchen. Von E. [recte: C.] W.
Contessa, Friedrich Baron de la Motte Fouqué und E. T. A. Hoffmann.
Bd. 1. Berlin (Realschulbuchhandlung) 1816 – In: Die Serapions-Brüder.
Bd. 1
Der Artushof. In: Urania, Taschenbuch für Damen auf das Jahr 1817.
Leipzig 1816 – In: Die Serapions-Brüder. Bd. 1
Die Kunstverwandten. [Erste Fassung von: Seltsame Leiden eines Theater-
Direktors.] In: Dramaturgisches Wochenblatt in nächster Beziehung auf
die Königlichen Schauspiele zu Berlin. Berlin, 15. Februar – 17. Mai 1817
Nachtstücke, hg. von dem Verfasser der Fantasiestücke in Callots Manier.
2 Theile. Berlin (Realschulbuchhandlung) 1817
Tl. 1: Der Sandmann – Ignaz Denner – Die Jesuiterkirche in G. – Das
Sanctus
Tl. 2: Das öde Haus – Das Majorat – Das Gelübde – Das steinerne
Herz
Das fremde Kind. In: Kinder-Mährchen. Von E. [recte: C.] W. Contessa,
Friedrich Baron de la Motte Fouqué und E. T. A. Hoffmann. Bd. 2. Ber-
lin (Realschulbuchhandlung) 1817 – In: Die Serapions-Brüder. Bd. 2
Erscheinungen! In: Gaben der Milde. Hg. von F. W. Gubitz. Bd. 2. Berlin
1817 – In: Die Serapions-Brüder. Bd. 4
[Rath Krespel.] In: Frauentaschenbuch für das Jahr 1818. Nürnberg 1817 –
In: Die Serapions-Brüder. Bd. 1
Ein Fragment aus dem Leben dreier Freunde. In: Der Wintergarten. Hg.
von St. Schütze. Bd. 2. Frankfurt a. M. 1818 – In: Die Serapions-Brüder.
Bd. 1
Doge und Dogaresse. Eine Erzählung. In: Taschenbuch für das Jahr 1819,
Der Liebe und Freundschaft gewidmet. Frankfurt a. M. 1818 – In: Die
Serapions-Brüder. Bd. 2
Meister Martin der Küfner und seine Gesellen. Erzählung. In: Taschenbuch
zum geselligen Vergnügen auf das Jahr 1819. Leipzig, Wien 1818 – In:
Die Serapions-Brüder. Bd. 2
Der Kampf der Sänger. Einer alten Chronik nacherzählt. In: Urania, Ta-
schenbuch auf das Jahr 1819. Leipzig 1819 – In: Die Serapions-Brüder.
Bd. 2

[Der Einsiedler Serapion.] In: Der Freimüthige für Deutschland. Berlin, 5.–11. Januar 1819 – In: Die Serapions-Brüder. Bd. 1

Der Baron von B. In: Allgemeine Musikalische Zeitung. Leipzig, 10. März 1819 – In: Die Serapions-Brüder. Bd. 3

Aus dem Leben eines bekannten Mannes. (Nach einer alten märkischen Chronik.) In: Der Freimüthige oder Unterhaltungsblatt für gebildete, unbefangene Leser. Berlin, 25. und 27. Mai 1819 – In: Die Serapions-Brüder. Bd. 3

Haimatochare. In: Der Freimüthige oder Unterhaltungsblatt für gebildete, unbefangene Leser. Berlin, 24.–29. Juni 1819 – In: Erzählungen aus seinen letzten Lebensjahren. 1839

Der unheimliche Gast. In: Der Erzähler. Hg. von Hartwig von Hundt-Radowsky. Bd. 2. Berlin 1819 – In: Die Serapions-Brüder. Bd. 3

Seltsame Leiden eines Theater-Direktors. Aus mündlicher Tradition mitgetheilt vom Verfasser der Fantasiestücke in Callots Manier. Berlin (Maurersche Buchhandlung) 1819

Klein Zaches genannt Zinnober. Ein Mährchen, hg. von E. T. A. Hoffmann. Berlin (Ferdinand Dümmler) 1819

Die Serapions-Brüder. Gesammelte Erzählungen und Mährchen. Hg. von E. T. A. Hoffmann. 4 Bde. Berlin (Georg Reimer) 1819–1821

    Bd. 1: [Der Einsiedler Serapion] – [Rath Krespel] – [Serapion und das Serapiontische Prinzip] – Die Fermate – Der Dichter und der Componist – Ein Fragment aus dem Leben dreier Freunde – Der Artushof – Die Bergwerke zu Falun – Nußknacker und Mausekönig

    Bd. 2: Der Kampf der Sänger – [Eine Spukgeschichte] – Die Automate – Doge und Dogaresse – [Alte und neue Kirchenmusik] – Meister Martin der Küfner und seine Gesellen – Das fremde Kind

    Bd. 3: [Aus dem Leben eines bekannten Mannes] – Die Brautwahl, eine Geschichte, in der mehrere ganz unwahrscheinliche Abentheuer vorkommen – Der unheimliche Gast – Das Fräulein von Scuderi. Erzählung aus dem Zeitalter Ludwig des Vierzehnten – Spieler-Glück – [Der Baron von B.]

    Bd. 4: Signor Formica. Eine Novelle – [Der alte Schauspieler] – [Zacharias Werner] – Erscheinungen – Der Zusammenhang der Dinge – [Eine Vampir-Geschichte] – [Die ästhetische Teegesellschaft] – Die Königsbraut. Ein nach der Natur entworfenes Mährchen

Das Fräulein von Scuderi. Erzählung aus dem Zeitalter Ludwig des Vierzehnten. In: Taschenbuch für das Jahr 1820, Der Liebe und Freundschaft gewidmet. Frankfurt a. M. 1819 – In: Die Serapions-Brüder. Bd. 3

Die Brautwahl, eine berlinische Geschichte, in der mehrere ganz unwahrscheinliche Abentheuer vorkommen. [Erste Fassung der gleichlautenden Erzählung aus: Die Serapions-Brüder. Bd. 3.] In: Berlinischer Taschen-Kalender auf das Schalt-Jahr 1820. Berlin 1819

Signor Formica. Eine Novelle. In: Taschenbuch zum geselligen Vergnügen auf das Jahr 1820. Leipzig 1819 – In: Die Serapions-Brüder. Bd. 4

Spieler-Glück. In: Urania, Taschenbuch auf das Jahr 1820. Leipzig 1820 – In: Die Serapions-Brüder. Bd. 3

Der Zusammenhang der Dinge. In: Wiener Zeitschrift für Kunst, Literatur, Theater und Mode. Wien, 12. Februar – 2. März 1820 – In: Die Serapions-Brüder. Bd. 4

Die Marquise de la Pivardière. (Nach Richer's Causes célèbres.) In: Taschenbuch zum geselligen Vergnügen auf das Jahr 1821. Leipzig, Wien 1820 – In: Erzählungen aus seinen letzten Lebensjahren. 1839

Die Irrungen. Fragment aus dem Leben eines Fantasten. In: Berlinischer Taschen-Kalender auf das Gemein-Jahr 1821. Berlin 1820 – In: Die letzten Erzählungen. 1825

Prinzessin Brambilla. Ein Capriccio nach Jakob Callot. Breslau (Josef Max) 1821

Der Elementargeist. Eine Erzählung. In: Taschenbuch zum geselligen Vergnügen auf das Jahr 1822. Leipzig, Wien 1821 – In: Die letzten Erzählungen. 1825

Die Räuber. Abentheuer zweier Freunde auf einem Schlosse in Böhmen. In: Rheinisches Taschenbuch für das Jahr 1822. Frankfurt a. M. 1821 – In: Die letzten Erzählungen. 1825

Geheimnisse. Fortsetzung des Fragments aus dem Leben eines Fantasten: Die Irrungen. In: Berlinischer Taschen-Kalender auf das Gemein-Jahr 1822. Berlin 1821 – In: Die letzten Erzählungen. 1825

Des Vetters Eckfenster. Mitgetheilt von E. T. A. Hoffmann. In: Der Zuschauer. Berlin, 23. April – 4. Mai 1822 – Veränd. Fassung in: JULIUS EDUARD HITZIG, Aus Hoffmann's Leben und Nachlaß. Theil 2. Berlin (Ferdinand Dümmler) 1823

Die Genesung. Fragment aus einem noch ungedruckten Werke. In: Der Zuschauer. Berlin, 4. und 6. Juli 1822 – In: JULIUS EDUARD HITZIG, Aus Hoffmann's Leben und Nachlaß. Theil 2. Berlin (Ferdinand Dümmler) 1823

Die Doppeltgänger. Erzählung. In: Feierstunden. Hg. von Ferdinand Frh. von Biedenfeld und Christoph Kuffner. Bd. 2. Brünn 1822 – In: Die letzten Erzählungen. 1825

Meister Floh. Ein Mährchen in sieben Abentheuern zweier Freunde. Frankfurt a. M. (Friedrich Wilmans) 1822 – Zum ersten Male vollständig hg. von HANS VON MÜLLER. Berlin (Julius Bard) 1908

Datura fastuosa. (Der schöne Stechapfel.) Erzählung. In: Taschenbuch für das Jahr 1823, Der Liebe und Freundschaft gewidmet. Frankfurt a. M. 1822 – In: Die letzten Erzählungen. 1825

Meister Johannes Wacht. Eine Erzählung. In: Geschichten, Mährchen und Sagen. Von Fr. H. v. d. Hagen, E. T. A. Hoffmann und Henrich Steffens. Breslau (Josef Max) 1823 – In: Die letzten Erzählungen. 1825

Neueste Schicksale eines abentheuerlichen Mannes. Mitgetheilt von E. T. A. Hoffmann. [Fragment.] In: JULIUS EDUARD HITZIG, Aus Hoffmann's Leben und Nachlaß. Theil 2. Berlin (Ferdinand Dümmler) 1823

Der Feind. Eine Erzählung. [Fragment.] In: Frauentaschenbuch für das Jahr 1824. Nürnberg 1823 – In: Erzählungen aus seinen letzten Lebensjahren. 1839

Die letzten Erzählungen. Vollständig gesammelt und mit Nachträgen zu dem Werke: Aus Hoffmann's Leben und Nachlaß, hg. von dessen Verfasser [JULIUS EDUARD HITZIG]. 2 Abth. Berlin (Ferdinand Dümmler) 1825
    Abt. 1: Die Doppeltgänger – Die Räuber – Die Irrungen – Die Geheimnisse
    Abt. 2: Der Elementargeist – Datura fastuosa – Meister Johannes Wacht

Erw. Neuaufl. u. d. T.: Erzählungen aus seinen letzten Lebensjahren ... Stuttgart (Fr. Brodhag'sche Buchhandlung) 1839 (Ausgewählte Schriften. 11. 12)
    Enthält erstmalig: Die Marquise de la Pivardière – Die Vision auf dem Schlachtfelde bei Dresden – Haimatochare – Der Feind [u. a.]

[Nachricht von den neuesten Schicksalen des Hundes Berganza. Auszug der ersten Fassung der gleichlautenden Erzählung aus: Fantasiestücke. Bd. 2.] In: Z. FUNCK [d. i. Carl Friedrich Kunz], Aus dem Leben zweier

Dichter. Leipzig (F. A. Brockhaus) 1836 – In: Sämtliche Werke. Historisch-kritische Ausgabe ... von CARL GEORG VON MAASSEN. Bd. 1. München, Leipzig (Georg Müller) 1908
Der Freund. Brief an Theodor. [Fragment.] In: Das Kreislerbuch. Texte, Compositionen und Bilder zusammengestellt von HANS VON MÜLLER. Leipzig (Insel-Verlag) 1903
Des Kapellmeisters, Johannes Kreisler, musikalische Leiden. [Erste Fassung von: Johannes Kreisler's, des Kapellmeisters, musikalische Leiden. Aus: Fantasiestücke. Bd. 1.] In: Sämtliche Werke. Historisch-kritische Ausgabe ... von CARL GEORG VON MAASSEN. Bd. 1. München, Leipzig (Georg Müller) 1908
Der Sandmann. [Erste Fassung der gleichlautenden Erzählung aus: Nachtstücke.] In: Sämtliche Werke. Historisch-kritische Ausgabe ... von CARL GEORG VON MAASSEN. Bd. 3. München, Leipzig (Georg Müller) 1909
Der Revierjäger. [Lesarten der ersten Fassung von: Ignaz Denner. Aus: Nachtstücke.] In: Sämtliche Werke. Historisch-kritische Ausgabe ... von CARL GEORG VON MAASSEN. Bd. 3. München, Leipzig (Georg Müller) 1909
Apokryphe Erzählungen. Nach der Überlieferung durch Honoré de Balzac, Rudolf von Beyer, Johann Peter Lyser, Adam Oehlenschläger und Adolf von Schaden. Zum ersten Male vollständig gesammelt und mit einem Nachwort versehen hg. von GERHARD SALOMON. Berlin, Leipzig (Gebrüder Paetel) 1928
Inhalt: Das Lebens-Elixier – Von einem Juden – Die Pagodenburg – Die Serapionsbrüder bei Lutter und Wegener – Der treue Diener

b) Romane

Die Elixiere des Teufels. Nachgelassene Papiere des Bruders Medardus, eines Capuziners. Hg. von dem Verfasser der Fantasiestücke in Callots Manier. 2 Theile. Berlin (Duncker und Humblot) 1815–1816
Lebens-Ansichten des Katers Murr nebst fragmentarischer Biographie des Kapellmeisters Johannes Kreisler in zufälligen Makulaturblättern. Hg. von E. T. A. Hoffmann. 2 Bde. Berlin (Ferdinand Dümmler) 1820–1822

c) Bühnenwerke

Prinzessin Blandina. Ein romantisches Spiel in drei Aufzügen. [Fragment.] In: Fantasiestücke in Callot's Manier. Bd. 4. Bamberg (C. F. Kunz) 1815
Der Renegat. Ein Singspiel in zwey Aufzügen. [Fragment.] Hg. von HANS VON MÜLLER. In: Die Musik. Jg. 3, H. 1. Berlin 1903
Faustina. Ein Singspiel in einem Aufzuge. [Fragment.] Hg. von HANS VON MÜLLER. In: Die Musik. Jg. 3, H. 1. Berlin 1903
Die Pilgerin. Ländliches Schauspiel in einem Akt. [Fragment.] Hg. von HANS VON MÜLLER. In: Nord und Süd. Jg. 34, Bd. 133. Berlin, Juni 1910
Die Maske. Ein Singspiel in drei Akten (1799). Aufgefunden und zum ersten Male veröffentlicht von FRIEDRICH SCHNAPP. Berlin (Verlag für Kunstwissenschaft) 1923

d) Musikalische Schriften und Rezensionen

Friedrich Witt: Sinfonie Nr. 5; Sinfonie turque Nr. 6. [Rezension.] In: Allgemeine Musikalische Zeitung. Leipzig (Breitkopf und Härtel), 17. Mai 1809
Ludwig van Beethoven: Sinfonie Nr. 5 in c-moll, op. 67. [Rezension.] Ebd. 4. und 11. Juli 1810

Christoph Willibald Gluck: «Iphigénie en Aulide», Oper. [Rezension.] Ebd. 29. August und 5. September 1810

Joseph Weigl: «Das Waisenhaus», Oper. [Rezension.] Ebd. 19. September 1810

Fernando Paer: «Sofonisbe», Oper. [Rezension.] Ebd. 13. März 1811

Louis Spohr: Sinfonie Nr. 1 in Es-dur, op. 20. [Rezension.] Ebd. 27. November und 4. Dezember 1811

Ludwig van Beethoven: Ouvertüre zu «Coriolan», op. 62. [Rezension.] Ebd. 5. August 1812

Adalbert Gyrowetz: «Der Augenarzt», Singspiel. [Rezension.] Ebd. 30. Dezember 1812

Ludwig van Beethoven: Zwei Klaviertrios, op. 70. [Rezension.] Ebd. 3. März 1813

Carl Anton Philipp Braun: Sinfonie Nr. 4; Jan Willem Wilms: Sinfonie, op. 23. [Rezension.] Ebd. 9. Juni 1813

Ludwig van Beethoven: Messe in C-dur, op. 86. [Rezension.] Ebd. 16. und 23. Juni 1813

Ludwig van Beethoven: Musik zu Goethes «Egmont», op. 84. [Rezension.] Ebd. 21. Juli 1813

Beethovens Instrumentalmusik. [Gekürzte Überarbeitung der Rezensionen von Beethovens Sinfonie Nr. 5 und Klaviertrios.] In: Zeitung für die elegante Welt. Leipzig, 9.–11. Dezember 1813 – In: Fantasiestücke in Callot's Manier. Bd. 1

August Bergt: «Christus durch Leiden verherrlicht», Oratorium, op. 10. [Rezension.] In: Allgemeine Musikalische Zeitung. Leipzig, 5. Januar 1814

Friedrich Schneider: Klaviersonate zu vier Händen in D-dur, op. 29. [Rezension.] Ebd. 6. April 1814

Johann Friedrich Reichardt: Klaviersonate in f-moll. [Rezension.] Ebd. 25. Mai 1814

Über einen Ausspruch Sachini's [recte: Sacchini's] und über den sogenannten Effect in der Musik. Ebd. 20. Juli 1814 – In: Fantasiestücke in Callot's Manier. Bd. 4

Alte und neue Kirchenmusik. Ebd. 31. August, 7. und 14. September 1814

Wilhelm Friedrich Riem: Zwölf Lieder alter und neuerer Dichter, op. 27. [Rezension.] Ebd. 12. Oktober 1814

Der Opern-Almanach des Hrn. A. v. Kotzebue. [Rezension.] Ebd. 26. Oktober und 2. November 1814

Briefe über Tonkunst in Berlin. Erster Brief. Ebd. 11. Januar 1815

Wolfgang Amadeus Mozart: «Don Juan», Oper. [Rezension.] In: Dramaturgisches Wochenblatt in nächster Beziehung auf die Königlichen Schauspiele zu Berlin. Berlin, 7. Oktober 1815

Wolfgang Amadeus Mozart: «Die Zauberflöte», Oper. [Rezension.] Ebd. 18. Mai 1816

Étienne Méhul: «Ariodant», Oper. [Rezension.] Ebd. 22. Juni 1816

Ein Brief des Kapellmeisters Johannes Kreisler. In: Der Freimüthige oder Unterhaltungsblatt für gebildete, unbefangene Leser. Berlin, 29. und 30. April 1819

Zufällige Gedanken bei dem Erscheinen dieser Blätter. In: Allgemeine Zeitung für Musik und Musikliteratur. Berlin, 9. und 16. Oktober 1820

Nachträgliche Bemerkungen über Spontinis Oper «Olympia». [Rezension.] In: Zeitung für Theater und Musik zur Unterhaltung gebildeter, unbefangener Leser, Eine Begleiterinn des Freimüthigen. Berlin, 9. Juni – 22. September 1821

e) Verschiedene kleinere Schriften

Schreiben eines Klostergeistlichen an seinen Freund in der Hauptstadt. In: Der Freimüthige oder Berlinische Zeitung für gebildete, unbefangene Leser. Berlin, 9. September 1803

Über die Aufführung der Schauspiele des Calderon de la Barca auf dem Theater in Bamberg. In: Die Musen, Eine norddeutsche Zeitschrift. Berlin, 3. Stück 1812

Die Vision auf dem Schlachtfelde bei Dresden. Vom Verfasser der Fantasiestücke in Callots Manier. Deutschland [Bamberg (C. F. Kunz)] 1814

Der Dey von Elba in Paris. Sendschreiben des Thürmers in der Hauptstadt an seinen Vetter Andres. In: Freimüthige Blätter für Deutsche in Beziehung auf Krieg, Politik und Staatswirthschaft. Berlin, 2. Heft 1815

Briefe aus den Bergen. Mitgetheilt von E. T. A. Hoffmann. In: Der Freimüthige oder Unterhaltungsblatt für gebildete, unbefangene Leser. Berlin, 2. Juni, 1.–16. Dezember 1820

Naivetät. In: Der Zuschauer. Berlin, 13. Juni 1822

[Aufzeichnungen. (1809; 1812; Notatenbuch 1819–1822.)] Hg. von FRIEDRICH SCHNAPP. In: Schriften zur Musik. Nachlese. München (Winkler-Verlag) 1963

3. Lebenszeugnisse

E. T. A. Hoffmann im persönlichen und brieflichen Verkehr. Sein Briefwechsel und die Erinnerungen seiner Bekannten. Gesammelt und erl. von HANS VON MÜLLER. 2 Bde. Berlin (Gebr. Paetel) 1912. LXI, 355; LVII, XXXIII, 772 S.

E. T. A. Hoffmanns Tagebücher und literarische Entwürfe. Mit Erl. und ausführlichen Verzeichnissen hg. von HANS VON MÜLLER. Bd. 1 enthaltend die Texte der Tagebücher und ein Verzeichnis der darin genannten Werke Hoffmanns. Berlin (Gebr. Paetel) 1915. CVII, 352 S. [Mehr nicht erschienen.]

Vgl. hierzu: Register zu den Bamberger Tagebüchern, bearb. von RUDOLF HERD. In: Mitt. der E. T. A. Hoffmann-Ges. 7 (1960), S. 39–44

E. T. A. Hoffmann: Briefe und Tagebücher. Hg. von WALTHER HARICH. 2 Bde. Weimar (Erich Lichtenstein) 1924. IX, 424, VI; XI, 353, XVI S. (Hoffmann, Dichtungen und Schriften sowie Briefe und Tagebücher. Gesamtausgabe in fünfzehn Bänden. Bd. 14. 15)
Bd. 1: Hoffmann und Hippel. Das Denkmal einer Freundschaft
Bd. 2: Hoffmanns Briefwechsel (mit Ausnahme der Briefe an Hippel)

Aus Hoffmann's Leben und Nachlaß. Hg. von dem Verfasser des Lebens-Abrisses Friedrich Ludwig Zacharias Werners [JULIUS EDUARD HITZIG]. 2 Theile. Berlin 1823. XIV, 336; 380 S., Beil. – 3. verm. und verb. Aufl. u. d. T.: E. T. A. Hoffmann's Leben und Nachlaß. 3 Theile. Stuttgart 1839 (Hoffmann, Ausgewählte Schriften. Bd. 13–15)

FUNCK, Z. [d. i. Carl Friedrich Kunz]: Ernst Theodor Wilhelm Hoffmann. In: Funck, Aus dem Leben zweier Dichter. Leipzig 1836. (Funck, Erinnerungen aus meinem Leben in biographischen Denksteinen und Mittheilungen. Bd. 1) S. 1–172

Aus E. T. A. Hoffmanns Kapellmeisterzeit. Mitgeth. von HANS VON MÜLLER. In: Neue deutsche Rundschau 14 (1903), S. 32–53 – Veränd. Einzelausg. Berlin 1903

Hoffmann und Härtel. Neue Mitteilungen über ihren Verkehr in den Jahren 1799–1819, enthaltend u. a. 32 ungedruckte Briefe Hoffmanns. Zusammengestellt von Hans von Müller. München 1908. XI, 68 S. (Privatdruck)

Heinrich Loest über E. T. A. Hoffmann. 15. August 1823. Hg. von Hans von Müller. Köln 1922. 14 S.

Schollenheber, Wilhelm Heinrich: E. T. A. Hoffmanns Persönlichkeit. Anekdoten, Schwänke und Charakterzüge aus dem Leben des Kammergerichtsrats, Dichters und Kapellmeisters Ernst Theodor Amadeus Hoffmann nach Mitteilungen seiner Zeitgenossen aus den Quellen zusammengetragen und an das Licht gestellt. München 1922. 223 S.

Dämon Kunst. Das Leben E. T. A. Hoffmanns. Aus Briefen, Tagebüchern und den autobiographischen Stellen seiner Schriften zusammengestellt und eingel. von Walter Harich. Berlin 1926. 429 S.

4. Gesamtdarstellungen

Ellinger, Georg: E. T. A. Hoffmann. Sein Leben und seine Werke. Hamburg, Leipzig 1894. XII, 230 S.

Klinke, Otto: E. T. A. Hoffmanns Leben und Werke. Vom Standpunkte eines Irrenarztes. Braunschweig, Leipzig 1902. XX, 239 S.

Grisebach, Eduard: Biographische Einleitung. In: E. T. A. Hoffmann, Sämtliche Werke in fünfzehn Bänden. Bd. 1. Leipzig 1905. S. V–CXI

Ellinger, Georg: Lebensbild. In: E. T. A. Hoffmann, Werke in fünfzehn Teilen. Tl. 1. Berlin, Leipzig, Wien, Stuttgart 1912. (Goldene Klassiker-Bibliothek) S. VII–CXXVIII – 2. Aufl. 1927. S. VII–CXXXVIII

Harich, Walther: E. T. A. Hoffmann. Das Leben eines Künstlers. 2 Bde. Berlin 1920. 290; 400 S.

Bottacchiari, Rodolfo: Hoffmann. Torino 1922 – Neuaufl. Roma 1951. 147 S.

Wolzogen, Hans von: E. T. A. Hoffmann, der deutsche Geisterseher. Leipzig 1922. 154 S., 8 Taf. (Die Musik. 13/14)

Schaukal, Richard von: E. T. A. Hoffmann. Sein Werk aus seinem Leben dargestellt. Zürich, Leipzig, Wien 1923. 309 S. (Amalthea-Bücherei. 36/37)

Mistler, Jean: La vie d'Hoffmann. Paris 1927. 222 S. (Vies des hommes illustres. 6) – Neuausg. u. d. T.: Hoffmann le fantastique. 1950. 233 S.

Bergengruen, Werner: E. T. A. Hoffmann. Stuttgart 1939. 92 S. (Die Dichter der Deutschen) – Neuausg. Zürich 1960. 71 S. (Die kleinen Bücher der Arche. 301/302)

Schenck, Ernst von: E. T. A. Hoffmann. Ein Kampf um das Bild des Menschen. Berlin 1939. XVIII, 754 S., Taf.

Ricci, Jean F.-A.: E. T. A. Hoffmann. L'homme et l'œuvre. Paris 1947. 586 S.

Hewett-Thayer, Harvey W.: Hoffmann: Author of the tales. Princeton 1948. XI, 416 S., Taf.

Piana, Theo: E. T. A. Hoffmann. Ein Lebensbild. Berlin 1953. 125 S. (Berlinische Miniaturen. 13)

5. Einzelnes zur Biographie

Müller, Hans von: Aus den Materialien zu einer Biographie E. T. A. Hoffmanns. 4 Hefte. München, Berlin 1908–1918

MÜLLER, HANS VON: E. T. A. Hoffmann und Jean Paul, Minna Dörffer und Caroline Richter, Helmina von Chézy und Adelheid von Bassewitz. Ihre Beziehungen zu einander und zu gemeinsamen Bekannten im Rahmen der Zeitgeschichte. Unter Mitwirkung von EDUARD BEREND dargestellt. Tl. 1. Köln 1927. XVII, 113 S., 5 Faks.

PFEIFFER-BELLI, WOLFGANG: E. T. A. Hoffmanns Begegnungen mit Jean Paul. In: Hesperus, Blätter der Jean-Paul-Gesellschaft 2 (1955/58), H. 11, S. 49–51

MÜLLER, HANS VON: Die erste Liebe des Ernst Theodor Hoffmann. Mit einigen Nachrichten über die Familien Schlunck und Flottwell, Hatt und Siebrandt nach den Quellen dargestellt. Heidelberg 1955. 115 S.

LESKY, ALBIN: E. T. A. Hoffmanns Julia-Erlebnis. In: Zeitschrift für deutsche Philologie 66 (1941), S. 219–238

MÜLLER, HANS VON: Fragmente einer Biographie E. T. A. Hoffmanns in freier Folge vorgelegt. Erstes Stück: Letzte Monate in Posen und Aufenthalt in Plock, Anfang 1802 bis März 1804. Berlin 1914. 66 S.

BUDDENSIEG, HERMANN: E. T. A. Hoffmann und Polen. In: Mickiewicz-Blätter 4 (1959), S. 145–191

KROLL, ERWIN: E. T. A. Hoffmann und Schlesien. In: Aurora, Eichendorff-Almanach 23 (1963), S. 93–100 mit 2 Taf.

KREUZER, OSKAR: E. T. A. Hoffmann in Bamberg. Bamberg 1922. 32 S.

ROCKENBACH, KLAUS: E. T. A. Hoffmann in Bamberg. Schicksale, Lebensprobleme, künstlerische Entwicklungsstufen, Wege zu dramatischer Erzähltechnik. In: Mitt. der E. T. A. Hoffmann-Ges. 6 (1959), S. 1–13

ELLINGER, GEORG: Das Disziplinarverfahren gegen E. T. A. Hoffmann. (Nach den Akten des Geheimen Staatsarchivs.) In: Deutsche Rundschau 128 (1906), S. 79–103

FITTBOGEN, GOTTFRIED: E. T. A. Hoffmanns Stellung zu den «demagogischen Umtrieben» und ihrer Bekämpfung. In: Preußische Jahrbücher 189 (1922), S. 79–92

MARGIS, PAUL: E. T. A. Hoffmann. Eine psychographische Individualanalyse. Leipzig 1911. IV, 221 S., 2 Faks. (Beihefte zur Zeitschrift für angewandte Psychologie und psychologische Sammelforschung. 4)
Vgl. hierzu MAX PIRKER in: Euphorion 20 (1913), S. 257–261

SPULER, OTTO: Versuch der praktischen Anwendung der Strukturpsychologie Sprangers an E. T. A. Hoffmann. Diss. Erlangen 1926. VI, 60 S.

SCHNAPP, FRIEDRICH: Hoffmanns Name, seine Pseudonyme und Chiffren. In: Mitt. der E. T. A. Hoffmann-Ges. 7 (1960), S. 27–34

UHRIG, DIETER: E. T. A. Hoffmann. Sein Leben in Bildern. Leipzig 1961. 45 S., 48 Taf.

6. Periodisches Organ der E. T. A. Hoffmann-Gesellschaft

Mitteilungen der E. T. A. Hoffmann-Gesellschaft, Sitz in Bamberg, hg. unter Mitwirkung namhafter Fachmänner sowie des Bamberger Dichterkreises. Jg. 1 (1938/40) bis Jg. 2 (1941/43). Bamberg 1938–1943 – Mitteilungen der E. T. A. Hoffmann-Gesellschaft, Sitz in Bamberg. Heft 3 ff. Bamberg 1956 bis lfd.

7. Würdigungen

BLEI, FRANZ: Ernst Theodor Amadeus Hoffmann. Eine Fußnote. In: Die Insel 1,III (1900), S. 344–355 – Wiederabdrucke in: Blei, Der Dichter und das Leben. Ein Buch Kritik. München, Leipzig 1912. (Blei, Vermischte Schriften. Bd. 6) S. 147–173 – In: Blei, Männer und Masken. Berlin 1930. S. 7–26

HUCH, RICARDA: E. T. A. Hoffmann. In: Huch, Ausbreitung und Verfall der Romantik. Leipzig 1902. S. 201–223 – 2. Aufl. 1908. (Huch, Die Romantik. Bd. 2) S. 194–215 – Neuaufl. u. d. T.: Die Romantik. Ausbreitung, Blütezeit und Verfall. Tübingen, Stuttgart 1951

HOFMILLER, JOSEF: Vorwort. In: E. T. A. Hoffmann, Die schönsten Erzählungen. München 1926 – Wiederabdruck: E. Th. A. Hoffmann. In: Hofmiller, Die Bücher und wir. München 1950. S. 20–30

MAASSEN, CARL GEORG VON: Ernst Theodor Amadeus Hoffmann. 1776–1822. In: Die Großen Deutschen. Neue Deutsche Biographie. Hg. von WILLY ANDREAS und WILHELM VON SCHOLZ. Bd. 3. Berlin 1936. S. 93–112 mit Taf.

COLLATZ, FRITZ: E. T. A. Hoffmann und seine europäische Bedeutung. In: E. T. A. Hoffmann, Die Elixiere des Teufels. Hamburg 1947. S. 393–414

ERMATINGER, EMIL: (E. T. A. Hoffmann.) In: Ermatinger, Deutsche Dichter, 1700–1900. Eine Geistesgeschichte in Lebensbildern. Tl. 2. Bonn 1949. S. 205–219

LUTHER, ARTHUR: E. Th. A. Hoffmann. In: Luther, Studien zur deutschen Dichtung. Kuppenheim 1949. (Luther, Essais. Bd. 1) S. 39–54

BERGENGRUEN, WERNER: E. T. A. Hoffmann. 1776–1822. In: Die großen Deutschen. Deutsche Biographie. Hg. von HERMANN HEIMPEL, THEODOR HEUSS, BENNO REIFENBERG. Bd. 3. Berlin 1956. S. 52–62 mit 2 Taf.

REIMANN, PAUL: Ernst Theodor Amadeus Hoffmann. In: Reimann, Hauptströmungen der deutschen Literatur 1750–1848. Beiträge zu ihrer Geschichte und Kritik. Berlin 1956. S. 540–554

CYSARZ, HERBERT: Die Phantasie E. Th. A. Hoffmanns. Ein weltliterarisches Phänomen. In: Ostdeutsche Monatshefte 27 (1961), S. 23–32

8. Untersuchungen

a) Allgemeines

SAKHEIM, ARTHUR: E. T. A. Hoffmann. Studien zu seiner Persönlichkeit und seinen Werken. Leipzig 1908. X, 291 S.

MÜLLER, HANS VON: Das künstlerische Schaffen E. T. A. Hoffmanns in Umrissen angedeutet. Leipzig 1926. 39 S.

EGLI, GUSTAV: E. T. A. Hoffmann. Ewigkeit und Endlichkeit in seinem Werk. Zürich 1927. 165 S. (Wege zur Dichtung. 2)

DAHMEN, HANS: E. T. A. Hoffmanns Weltanschauung. Marburg 1929. XII, 86 S. (Beiträge zur deutschen Literaturwissenschaft. 35)

HOFFMANN, WERNER: E. T. A. Hoffmanns Lebensgefühl und Weltanschauung. Diss. Würzburg 1930. VI, 59 S.

PFEIFFER-BELLI, WOLFGANG: Mythos und Religion bei E. T. A. Hoffmann. In: Euphorion 34 (1933), S. 305–340

COHN, HILDE: Realismus und Transzendenz in der Romantik, insbesondere bei E. T. A. Hoffmann. Diss. Heidelberg 1933. 101 S.

OCHSNER, KARL: E. T. A. Hoffmann als Dichter des Unbewußten. Ein Beitrag zur Geistesgeschichte der Romantik. Frauenfeld, Leipzig 1936. 164 S. (Wege zur Dichtung. 23)

FEIGL, LISELOTTE: Die transzendente Welt in der Dichtung von E. T. A. Hoffmann. Beitrag zu seiner Biographie. Diss. Wien 1944. 168 Bll. [Masch.]

GLOOR, ARTHUR: E. T. A. Hoffmann. Der Dichter der entwurzelten Geistigkeit. Zürich 1947. 138 S.
WAGNER, IRMELA: E. T. A. Hoffmanns Beziehungen zur Naturwissenschaft unter besonderer Berücksichtigung der Anatomie. Diss. Göttingen 1948. 69 Bll. [Masch.]
KORFF, HERMANN AUGUST: E. T. A. Hoffmann. In: Korff, Geist der Goethezeit. Versuch einer idealen Entwicklung der klassisch-romantischen Literaturgeschichte. Tl. 4. Hochromantik. Leipzig 1953. S. 543–639
ROSTEUTSCHER, JOACHIM: Hoffmann. In: Rosteutscher, Das ästhetische Idol im Werke von Winckelmann, Novalis, Hoffmann, Goethe, George und Rilke. Bern 1956. S. 102–165; 290–293; 298
MÜHLHER, ROBERT: Die Einheit der Künste und das Orphische bei E. T. A. Hoffmann. In: Stoffe, Formen, Strukturen. Studien zur deutschen Literatur. Hg. von ALBERT FUCHS und HELMUT MOTEKAT. Hans Heinrich Borcherdt zum 75. Geburtstag. München 1962. S. 345–360
MÜHLHER, ROBERT: E. T. A. Hoffmann und das Spätbarock. In: Jahrbuch des Wiener Goethe-Vereins 67 (1963), S. 139–152
TAYLOR, RONALD: Hoffmann. London 1963. 112 S. (Studies in modern European literature and thought)
MOLLENAUER, ROBERT R.: The three stages of E. T. A. Hoffmann's romanticism. An attempt at a definition. In: Studies in romanticism. Bd. 2. Boston 1964. S. 213–243

b) Einzelprobleme zum literarischen Werk

FISCHER, OTTOKAR: E. T. A. Hoffmanns Doppelempfindungen. In: Archiv für das Studium der neueren Sprachen NS. 123 (1909), S. 1–22
MARGIS, PAUL: Die Synästhesien bei E. T. A. Hoffmann. In: Zeitschrift für Ästhetik 5 (1910), S. 91–99
STOCK, HEINZ-RICHARD: Die optischen Synaesthesien bei E. T. A. Hoffmann. Med. Diss. München 1914. 37 S.

TODSEN, HERMANN: Über die Entwicklung des romantischen Kunstmärchens (mit besonderer Berücksichtigung von Tieck und E. T. A. Hoffmann). Diss. München 1905 [E. T. A. Hoffmann: S. 67–105.]
REIMANN, OLGA: Das Märchen bei E. T. A. Hoffmann. Diss. München 1925. 87 S.
ZOERB, ULRIKE: Clemens Brentano und E. T. A. Hoffmann in ihren Märchen. Diss. Bonn 1948. 96 Bll. [Masch.]
THALMANN, MARIANNE: E. T. A. Hoffmanns Wirklichkeitsmärchen. In: Journal of English and Germanic philology 51 (1952), S. 473–491
ARX, BERNHARD VON: E. T. A. Hoffmann. In: Arx, Novellistisches Dasein. Spielraum einer Gattung in der Goethezeit. Zürich 1953. (Zürcher Beiträge zur deutschen Literatur- und Geistesgeschichte. 5) S. 150–170
MARTINI, FRITZ: Die Märchendichtungen E. T. A. Hoffmanns. In: Deutschunterricht 7 (1955), H. 2, S. 56–78
LOCKEMANN, FRITZ: Ernst Theodor Amadeus Hoffmann. In: Lockemann, Gestalt und Wandlungen der deutschen Novelle. Geschichte einer literarischen Gattung im neunzehnten und zwanzigsten Jahrhundert. München 1957. S. 78–94
ROCKENBACH, NIKOLAUS: Bauformen romantischer Kunstmärchen. Eine Studie zur epischen Integration des Wunderbaren bei E. T. A. Hoffmann. Diss. Bonn 1957. 272 Bll. [Masch.]

THALMANN, MARIANNE: Das E. T. A. Hoffmann-Märchen. In: Thalmann, Das Märchen und die Moderne. Zum Begriff der Surrealität im Märchen der Romantik. Stuttgart 1961. (Urban-Bücher. 53) S. 78–103

WERNER, HANS-GEORG: Zur Entwicklung der Märchendichtung E. T. A. Hoffmanns. In: Wissenschaftliche Zeitschrift der Martin-Luther-Universität Halle-Wittenberg, gesellschafts- und sprachwissenschaftliche Reihe 10 (1961), S. 981–987

TECCHI, BONAVENTURA: Le fiabe di E. T. A. Hoffmann. Firenze 1962. 228 S.

WÜHRL, PAUL-WOLFGANG: Die poetische Wirklichkeit in E. T. A. Hoffmanns Kunstmärchen. (Untersuchungen zu den Gestaltungsprinzipien.) München 1963. 248 S.

JUST, KLAUS GÜNTHER: Die Blickführung in den Märchennovellen E. T. A. Hoffmanns. In: Wirkendes Wort 14 (1964), S. 389–397

JEBSEN, REGINE: Kunstanschauung und Wirklichkeitsbezug bei E. T. A. Hoffmann. Diss. Kiel 1952. IV, 156 Bll. [Masch.]

DURUMAN, SAFINAZ: Poesie und Wirklichkeit bei E. T. A. Hoffmann. In: Alman dil ve edebiyati dergisi. I. Studien zur deutschen Sprache und Literatur. Istanbul 1954. S. 61–76

KUBICEK, WILLIBALD: Studien zum Problem des Irrationalismus bei Hoffmann und Brentano. Diss. Wien 1956. 342 Bll. [Masch.]

MAYER, HANS: Die Wirklichkeit E. T. A. Hoffmanns. Ein Versuch. In: E. T. A. Hoffmann, Poetische Werke. Bd. 1. Berlin 1958. S. V–LV – Wiederabdruck in: Mayer, Von Lessing bis Thomas Mann. Wandlungen der bürgerlichen Literatur in Deutschland. Pfullingen 1959. S. 198–246

TRETTER, FRIEDRICH GISELHER: Die Frage nach der Wirklichkeit bei E. T. A. Hoffmann. Diss. München 1961. 113 S.

WERNER, HANS-GEORG: E. T. A. Hoffmann. Darstellung und Deutung der Wirklichkeit im dichterischen Werk. Weimar 1962. 259 S. (Beiträge zur deutschen Klassik. 13)

STRADAL, MARIANNE: Studien zur Motivgestaltung bei E. T. A. Hoffmann. Diss. Breslau 1928. V, 67 S.

MÜHLHER, ROBERT: Ernst Theodor Amadeus Hoffmann. Beiträge zu einer Motiv-Interpretation. (Vortrag.) In: Literaturwissenschaftliches Jahrbuch NF. 4 (1963), S. 55–72

SUCHER, PAUL: Les sources du merveilleux chez E. T. A. Hoffmann. Paris 1912. IX, 232 S. (Bibliothèque de philologie et de littérature modernes) Vgl. hierzu MAX PIRKER in: Euphorion 20 (1913), S. 261–276

HAUPT, JULIUS: Elementargeister bei Fouqué, Immermann und Hoffmann. Leipzig 1923. VII, 123 S.

DEICHSEL, HEINRICH: Das fantastische Element bei E. T. A. Hoffmann, Ch. Nodier und in den Jugendromanen V. Hugos. Diss. Frankfurt a. M. 1923. 69 Bll. [Masch.]

RICCI, JEAN F.-A.: Le fantastique dans l'œuvre d'E. T. A. Hoffmann. In: Études germaniques 6 (1951), S. 100–116

RARATY, MAURICE MICHAEL: Hoffmann und die «Ombres chinoises». In: Mitt. der E. T. A. Hoffmann-Ges. 11 (1964), S. 11–23

ALBRECHT, MICHAEL VON: Die Verwandlung bei E. T. A. Hoffmann und bei Ovid. In: Antike und Abendland 10 (1961), S. 161–180

LOEB, ERNST: Bedeutungswandel der Metamorphose bei Franz Kafka und E. T. A. Hoffmann. Ein Vergleich. In: German quarterly 35 (1962), S. 47–59

DESALM, ELLI: E. T. A. Hoffmann und das Groteske. Diss. Bonn 1930. 73 S.

KÖSTER, HEINRICH: Das Phänomen des Lächerlichen in der Dichtung um

1800. (Jean Paul, E. T. A. Hoffmann, Bonaventura.) Diss. Freiburg i. B. 1956. 226, VIII Bll. [Hekt.]

NOCK, FRANCIS J.: E. T. A. Hoffmann and nonsense. In: German quarterly 35 (1962), S. 60–70

PREISENDANZ, WOLFGANG: E. T. A. Hoffmann. In: Preisendanz, Humor als dichterische Einbildungskraft. Studien zur Erzählkunst des poetischen Realismus. München 1963. (Theorie und Geschichte der Literatur und der schönen Künste. Texte und Abhandlungen. 1) S. 47–117; 290–307

BERTHOLD, WERNER: Das Phänomen der Entfremdung bei E. T. A. Hoffmann. Diss. Leipzig 1953. 115 Bll. [Masch.]

KUTTNER, MARGOT: Die Gestaltung des Individualitätsproblems bei E. T. A. Hoffmann. Diss. Hamburg 1936. V, 89 S.

WILLIMCZIK, KURT: E. T. A. Hoffmann. Die drei Reiche seiner Gestaltenwelt. Berlin 1939. 423 S. (Neue deutsche Forschungen. 216)

THALMANN, MARIANNE: Meisterschaft. Eine Studie zu E. T. A. Hoffmanns Genieproblem. In: Der Gesichtskreis. Joseph Drexel zum sechzigsten Geburtstag. München 1956. S. 142–163

ROEHL, MARTIN: Die Doppelpersönlichkeit bei E. Th. A. Hoffmann. Diss. Rostock 1918. 60 S.

KRAUSS, WILHELMINE: Die letzte Entwicklung des Doppelgängermotivs innerhalb der Romantik bei E. T. A. Hoffmann. In: Krauß, Das Doppelgängermotiv in der Romantik. Studien zum romantischen Idealismus. Berlin 1930. (Germanische Studien. 99) S. 89–118

REBER, NATALIE: Studien zum Motiv des Doppelgängers bei Dostojevskij und E. T. A. Hoffmann. Gießen 1964. 240 S. (Marburger Abhandlungen zur Geschichte und Kultur Osteuropas. 6)

MEYER, HERMAN: Der Sonderling als Ausdrucksform des romantischen Subjektivismus. [E. T. A. Hoffmann.] In: Meyer, Der Typus des Sonderlings in der deutschen Literatur. Amsterdam 1943. S. 71–98 – Neuausg. u. d. T.: Der Sonderling in der deutschen Dichtung. München 1963. (Literatur als Kunst) S. 101–135

BRUNING, PETER: E. T. A. Hoffmann and the philistine. In: German quarterly 28 (1955), S. 111–121

NIPPERDEY, OTTO: Wahnsinnsfiguren bei E. T. A. Hoffmann. Diss. Köln 1957. 226 S.

KREPLIN, DIETRICH: Das Automaten-Motiv bei E. T. A. Hoffmann. Diss. Bonn 1957. III, 126 Bll. [Hekt.]

TAUBER, SERGE: Die Bedeutung der künstlichen Menschenfigur im Werke E. T. A. Hoffmanns. Diss. Innsbruck 1960. 137 Bll. [Masch.]

HOLLE, RUDOLF: Die Künstlergestalt bei E. T. A. Hoffmann. Ein Beitrag zur Deutung des Wesens der deutschen Romantik. Diss. Marburg 1925. XV, 170 Bll. [Masch.]

HARNISCH, KÄTHE: E. T. A. Hoffmann. In: Harnisch, Deutsche Malererzählungen. Die Art des Sehens bei Heinse, Tieck, Hoffmann, Stifter und Keller. Berlin 1938. (Neue deutsche Forschungen. 179) S. 46–62

BAUMGART, FRITZ: E. T. A. Hoffmanns Künstlernovellen. Gedanken um Kunst und Künstler der Romantik. In: Deutschland – Italien. Beiträge zu den Kulturbeziehungen zwischen Norden und Süden. Festschrift für Wilhelm Waetzold. Berlin 1941. S. 293–307

HALLAMORE, GERTRUDE J.: Das Problem des Zwiespalts in den Künstlernovellen E. T. A. Hoffmanns und Thomas Manns. In: Monatshefte für deutschen Unterricht 36 (1944), S. 82–94

WIRZ, JACQUES: Die Gestalt des Künstlers bei E. T. A. Hoffmann. Diss. Basel 1961. VIII, 115 S.

MÖLLER, EVA-RENATE: Ernst Theodor Amadeus Hoffmann als Darsteller aktueller rechtlicher Fragen. Diss. Wien 1934

WALTER, EUGEN: Das Juristische in E. T. A. Hoffmanns Leben und Werk. Diss. Heidelberg 1950. IV, 122 Bll. [Masch.]

WOHLHAUPTER, EUGEN: E. T. A. Hoffmann. In: Wohlhaupter, Dichterjuristen. Hg. von H. G. SEIFERT. Bd. 2. Tübingen 1955. S. 35–98

HÄUFLER, WOLFGANG: Zeitkritik und politische Satire in den Werken E. T. A. Hoffmanns. Diss. Marburg 1955. XIII, 83, XXXIX Bll. [Masch.]

MÜLLER-STERNBERG, ROBERT: Automat und Kristall. Dämonisches Zeiterleben bei E. T. A. Hoffmann. In: Ostdeutsche Wissenschaft 3/4 (1956/57), S. 201–218

c) Einflüsse, literarische Wechselbeziehungen

SCHAUKAL, RICHARD VON: Jacques Callot und E. T. A. Hoffmann. In: Germanisch-romanische Monatsschrift 11 (1923), S. 156–165

NOCK, FRANCIS J.: E. T. A. Hoffmann and Shakespeare. In: Journal of English and Germanic philology 53 (1954), S. 369–382

FIFE, HERNDON ROBERT: Jean Paul Friedrich Richter and E. T. A. Hoffmann. A study in the relations of Jean Paul to romanticism. In: Publications of the Modern Language Association 22 (1907), S. 1–32

ORTH, WILHELM: Kleist und Hoffmann. Eine Studie über beider Technik und literarische Abhängigkeit. Diss. Bonn 1920. 56 S.

LECHNER, WILHELM: Gotthilf Heinrich von Schuberts Einfluß auf Kleist, Justinus Kerner und E. T. A. Hoffmann. Beiträge zur deutschen Romantik. Diss. Münster 1911. IX, 91 S.

DAHMEN, HANS: E. Th. A. Hoffmann und G. H. Schubert. In: Literaturwissenschaftliches Jahrbuch der Görres-Gesellschaft 1 (1926), S. 62–111 – Wiederabdruck in: Dahmen, E. T. A. Hoffmanns Weltanschauung. Marburg 1929. (Beiträge zur deutschen Literaturwissenschaft. 35) S. 13–50

JOST, WALTER: Von Ludwig Tieck zu E. T. A. Hoffmann. Studien zur Entwicklungsgeschichte des romantischen Subjektivismus. Frankfurt a. M. 1921. X, 139 S. (Deutsche Forschungen. 4)

PANKALLA, GERHARD: Karl Wilhelm Contessa und E. T. A. Hoffmann. Motiv- und Form-Beziehungen im Werk zweier Romantiker. Würzburg 1938. 76 S.

KANZOG, KLAUS: E. T. A. Hoffmann und Karl Grosses «Genius». In: Mitt. der E. T. A. Hoffmann-Ges. 7 (1960), S. 16–23

d) Sprache, Stil

RAYDT, OLGA: Das Dämonische als Stilform in den literarischen Werken E. Th. A. Hoffmanns. Diss. München 1912. 80 S. [Teildruck]

GRAHL-MÖGELIN, WALTER: Die Lieblingsbilder im Stil E. T. A. Hoffmanns. Diss. Greifswald 1914. 133 S.

RAUSCHE, CHARLOTTE: E. T. A. Hoffmanns attributives Empfinden. Ein Beitrag zur Attributivcharakteristik der Romantik. Diss. Halle 1922. 70 Bll. [Masch.]

DAHMEN, HANS: Der Stil E. T. A. Hoffmanns. In: Euphorion 28 (1927), S. 76–84 – Wiederabdruck in: Dahmen, E. T. A. Hoffmanns Weltanschauung. Marburg 1929. (Beiträge zur deutschen Literaturwissenschaft. 35) S. 70–82

SCHMERBACH, HARTMUT: Stilstudien zu E. T. A. Hoffmann. Berlin 1929. 107 S. (Germanische Studien. 76)
PORTERFIELD, ALLEN W.: E. T. A. Hoffmann as a lyric writer. In: Modern language quarterly 2 (1941), S. 43–58
NOCK, FRANCIS J.: Notes on E. T. A. Hoffmann's linguistic usage. In: Journal of English and Germanic philology 55 (1956), S. 588–603
STROHSCHNEIDER-KOHRS, INGRID: Stil- und Strukturzüge in Hoffmanns Märchen. In: Strohschneider-Kohrs, Die romantische Ironie in Theorie und Gestaltung. Tübingen 1960. (Hermaea. NF. 6) S. 352–362
MÜLLER, HELMUT: Untersuchungen zum Problem der Formelhaftigkeit bei E. T. A. Hoffmann. Bern 1964. 123 S. (Sprache und Dichtung. NF. 11)

e) Hoffmann und das Theater

MAUSOLF, WERNER: E. T. A. Hoffmanns Stellung zu Drama und Theater. Berlin 1920. 142 S. (Germanische Studien. 7)
KLAUNER, INGE: Die mimische Kunst bei E. T. A. Hoffmann. Diss. Wien 1944. 107 Bll. [Masch.]
MAY, JOACHIM: E. T. A. Hoffmanns theatralische Welt. Diss. Erlangen 1950. V, 257 Bll. [Masch.]
FUNK, EVA: E. T. A. Hoffmann und das Theater. Diss. Wien 1957. 123 Bll. [Masch.]

f) Hoffmann als Musiker und Musikschriftsteller

KROLL, ERWIN: E. T. A. Hoffmanns musikalische Anschauungen. Diss. Königsberg 1909. 125, XIII S.
GLÖCKNER, ERNST: Studien zur romantischen Psychologie der Musik, besonders mit Rücksicht auf die Schriften von E. T. A. Hoffmann. Diss. Bonn 1909. 44 S.
SCHAEFFER, CARL: Die Bedeutung des Musikalischen und Akustischen in E. T. A. Hoffmanns literarischem Schaffen. Marburg 1909. VIII, 239 S. (Beiträge zur deutschen Literaturwissenschaft. 14)
KATZ, MORITZ: Die Schilderung des musikalischen Eindrucks bei Schumann, Hoffmann und Tieck. Diss. Gießen 1910. 55 S.
KROLL, ERWIN: Ernst Theodor Amadeus Hoffmann. Leipzig 1923. 82 S. (Kleine Musikerbiographien)
GREEF, PAUL: E. T. A. Hoffmann als Musiker und Musikschriftsteller. Köln, Krefeld 1948. 261 S.
NEUMANN, ALFRED R.: Musician or author? E. T. A. Hoffmann's decision. In: Journal of English and Germanic philology 52 (1953), S. 174–181
EHINGER, HANS: E. T. A. Hoffmann als Musiker und Musikschriftsteller. Olten, Köln 1954. 280 S., Taf. (Musikerreihe. 15)
EHINGER, HANS: Hoffmann, E. T. A. In: Die Musik in Geschichte und Gegenwart. Allgemeine Enzyklopädie der Musik ... hg. von FRIEDRICH BLUME. Bd. 6. Kassel, Basel, London 1957. Sp. 528–538 mit 3 Abb.
KRON, WOLFGANG: Die angeblichen Freischütz-Kritiken E. T. A. Hoffmanns. München 1957. 144 S.
SCHNAPP, FRIEDRICH: E. T. A. Hoffmanns letzte Oper. In: Schweizerische Musikzeitung 88 (1948), S. 339–345
SCHNAPP, FRIEDRICH: E. T. A. Hoffmanns Textbearbeitung der Oper «Olimpia» von Spontini. In: Jahrbuch des Wiener Goethe-Vereins 66 (1962), S. 126–143
FELLERER, KARL GUSTAV: Der Musiker E. T. A. Hoffmann. (Vortrag.) In: Literaturwissenschaftliches Jahrbuch NF. 4 (1963), S. 43–54, 1 Faks.

g) Hoffmann als bildender Künstler

HORNBOGEN, ALFRED: E. T. A. Hoffmann und die bildende Kunst. Diss. Jena 1921. 96 Bll. [Masch.]

PIANA, THEO: E. T. A. Hoffmann als bildender Künstler. Berlin 1954. 103 S., 47 Abb. (Berlin in der Kunst. 3)

h) Zu einzelnen Werken

PNIOWER, OTTO: E. T. A. Hoffmanns Berlinische Erzählungen. In: Archiv der Brandenburgia, Gesellschaft für Heimatkunde der Provinz Brandenburg 12 (1907), S. 6–25 – Wiederabdruck in: Pniower, Dichtungen und Dichter. Essays und Studien. Berlin 1912. S. 238–269

OHL, HUBERT: Der reisende Enthusiast. Studien zur Haltung des Erzählers in den «Fantasiestücken» E. T. A. Hoffmanns. Diss. Frankfurt a. M. 1955. 134 Bll. [Masch.]

DAHMEN, HANS: Studien zu E. T. A. Hoffmanns «Goldenem Topf». Diss. Marburg 1925. VIII, 284 Bll. [Masch.]

SCHERBER, PAUL-FRIEDRICH: Bürger und Enthusiast als Lebensform. Eine Studie zu E. T. A. Hoffmann und seinem Märchen vom Goldenen Topf. Diss. Erlangen 1925. 55 Bll. [Masch.]

MÜHLHER, ROBERT: Leitmotiv und dialektischer Mythos in E. T. A. Hoffmanns Märchen «Der goldne Topf». In: Mitt. der E. T. A. Hoffmann-Ges. 1 (1938/40), S. 65–96 – Veränd. Fassung u. d. T.: Liebestod und Spiegelmythe in E. T. A. Hoffmanns Märchen «Der goldne Topf». In: Zeitschrift für deutsche Philologie 67 (1942/43), S. 21–56 – Wiederabdruck in: Mühlher, Dichtung der Krise. Mythos und Psychologie in der Dichtung des 19. und 20. Jahrhunderts. Wien 1951. (Wissenschaft und Weltbild) S. 41–95; 544–551

JAFFÉ, ANIELA: Bilder und Symbole aus E. T. A. Hoffmanns Märchen «Der Goldne Topf». In: CARL GUSTAV JUNG, Gestaltungen des Unbewußten. Mit einem Beitrag von Aniela Jaffé. Zürich 1950. (Psychologische Abhandlungen. 7) S. 237–616

BOLLNOW, OTTO FRIEDRICH: Der goldene Topf und die Naturphilosophie der Romantik. Bemerkungen zum Weltbild E. T. A. Hoffmanns. In: Sammlung 6 (1951), S. 203–216 – Wiederabdruck in: Bollnow, Unruhe und Geborgenheit im Weltbild neuerer Dichter. Acht Essais. Stuttgart 1953. S. 207–226

NEGUS, KENNETH: E. T. A. Hoffmann's «Der goldne Topf»: Its romantic myth. In: Germanic review 34 (1959), S. 262–275

SCHÜTZ, CHRISTEL: Studien zur Erzählkunst E. T. A. Hoffmanns. E. T. A. Hoffmann als Erzähler. Untersuchungen zu den «Nachtstücken». Diss. Göttingen 1955. 84 Bll. [Hekt.]

NEGUS, KENNETH: The allusions to Schiller's «Der Geisterseher» in E. T. A. Hoffmann's «Das Majorat»: meaning and background. In: German quarterly 32 (1959), S. 341–355

HOFFMANN, ERNST FEDOR: Zu E. T. A. Hoffmanns «Sandmann». In: Monatshefte für deutschen Unterricht 54 (1962), S. 244–252

MÜHLHER, ROBERT: Zum Verständnis der Werke. [Der Sandmann; Das öde Haus; Das steinerne Herz.] In: E. T. A. Hoffmann, Nachtstücke. Reinbek b. Hamburg 1964. (Rowohlts Klassiker der Literatur und Wissenschaft. 148) S. 97–136

SCHNAPP, FRIEDRICH: Der Seraphinenorden und die Serapionsbrüder E. T. A. Hoffmanns. In: Literaturwissenschaftliches Jahrbuch NF. 3 (1962), S. 99–112

Wiese, Benno von: Ernst Theodor Amadeus Hoffmann. Rat Krespel. In: Wiese, Die deutsche Novelle von Goethe bis Kafka. Interpretationen. Bd. 2. Düsseldorf 1962. S. 87–103; 349

Beck, Carl: E. T. A. Hoffmanns Erzählung «Die Bergwerke von Falun». Eine literarische Studie. In: Freiberger Forschungshefte, Reihe D: Kultur und Technik 11 (1955), S. 264–272

Loepp, Frida: Über E. T. A. Hoffmann's «Kampf der Sänger». Diss. Marburg 1925. 77 Bll. [Masch.]

Planta, Urs Orland von: E. T. A. Hoffmanns Märchen «Das fremde Kind». Bern 1958. 125 S.

Pniower, Otto: E. T. A. Hoffmanns Erzählung «Aus dem Leben eines bekannten Mannes». In: Euphorion 14 (1907), S. 714–717

Holtze, Friedrich: Einleitung zu Hoffmanns «Brautwahl». In: E. T. A. Hoffmann, Das Sanctus und Die Brautwahl. Texte von Hans von Müller. Berlin 1910. (Schriften des Vereins für die Geschichte Berlins. 43) S. 46–72

Thalmann, Marianne: E. T. A. Hoffmanns «Fräulein von Scuderi». In: Monatshefte für deutschen Unterricht 41 (1949), S. 107–116

Himmel, Hellmuth: Schuld und Sühne der Scuderi. Zu Hoffmanns Novelle. In: Mitt. der E. T. A. Hoffmann-Ges. 7 (1960), S. 1–15

Kanzog, Klaus: E. T. A. Hoffmanns Erzählung «Das Fräulein von Scuderi» als Kriminalgeschichte. In: Mitt. der E. T. A. Hoffmann-Ges. 11 (1964), S. 1–11

Mühlher, Robert: Prinzessin Brambilla. Ein Beitrag zum Verständnis der Dichtung. In: Mitt. der E. T. A. Hoffmann-Ges. 5 (1958), S. 5–24

Strohschneider-Kohrs, Ingrid: Hoffmanns Capriccio «Prinzessin Brambilla». In: Strohschneider-Kohrs, Die romantische Ironie in Theorie und Gestaltung. Tübingen 1960. (Hermaea. NF. 6) S. 362–420

Tecchi, Bonaventura: E. T. A. Hoffmanns «Prinzessin Brambilla». In: Weltbewohner und Weimaraner. Ernst Beutler zugedacht. Hg. von Benno Reifenberg und Emil Staiger. Zürich, Stuttgart 1960. S. 301–316

Sdun, Winfried: E. T. A. Hoffmanns Prinzessin Brambilla. Analyse und Interpretation einer erzählten Komödie. Freiburg i. B. 1961. 125 S.

Requadt, Paul: Norden und Süden in der Allegorik von E. T. A. Hoffmanns «Prinzessin Brambilla». In: Requadt, Die Bildersprache der deutschen Italiendichtung von Goethe bis Benn. Bern, München 1962. S. 125–130; 309

Černy, Johann: Jacques Cazotte und E. T. A. Hoffmann. [Zu «Der Elementargeist».] In: Euphorion 15 (1908), S. 141–144

Müller, Hans von: Nachwort des Herausgebers. In: E. T. A. Hoffmann, Meister Floh. Zum ersten Male vollständig hg. von Hans von Müller. Berlin 1908. S. 231–261

McClain, William H.: E. T. A. Hoffmann as psychological realist: A study of «Meister Floh». In: Monatshefte für deutschen Unterricht 47 (1955), S. 65–80

Schissel von Fleschenberg, Otmar: Novellenkomposition in E. T. A. Hoffmanns Elixieren des Teufels. Ein prinzipieller Versuch. Halle 1910. 80 S.

Reitz, Elisabeth: E. T. A. Hoffmanns Elixiere des Teufels und Cl. Brentanos Romanzen vom Rosenkranz. Diss. Freiburg/Schweiz 1920. 106 S.

Horn, Wilhelm: Über das Komische im Schauerroman. E. T. A. Hoffmanns Elixiere des Teufels und ihre Beziehungen zur englischen Literatur. In: Archiv für das Studium der neueren Sprachen und Literaturen 146 (1923), S. 153–163

Kutzer, Elisabeth: E. T. A. Hoffmann: Die Elixiere des Teufels. In: Kutzer, Zum Stammbaumroman in der neueren Literatur. Diss. Leipzig 1929. S. 1–49

Bergengruen, Werner: Nachwort. In: E. T. A. Hoffmann, Die Elixiere des Teufels. Vaduz 1948. S. 415–428 – Teilabdruck in: E. T. A. Hoffmann, Die Elixiere des Teufels. Hamburg 1964. S. 347–352

Borcherdt, Hans Heinrich: E. T. A. Hoffmanns «Elixiere des Teufels». In: Borcherdt, Der Roman der Goethezeit. Urach, Stuttgart 1949. S. 503–510

Negus, Kenneth: The family tree in E. T. A. Hoffmann's «Die Elixiere des Teufels». In: Publications of the Modern Language Association 73 (1958), S. 516–520

Leppmann, Franz: Kater Murr. In: Leppmann, Kater Murr und seine Sippe von der Romantik bis zu V. Scheffel und G. Keller. München 1908. S. 11–29

Borcherdt, Hans Heinrich: E. T. A. Hoffmanns «Kater Murr». In: Borcherdt, Der Roman der Goethezeit. Urach, Stuttgart 1949. S. 511–522

Granzow, Hermann: Hoffmann: «Kater Murr». In: Granzow, Künstler und Gesellschaft im Roman der Goethezeit. Eine Untersuchung zur Bewußtwerdung neuzeitlichen Künstlertums in der Dichtung vom «Werther» bis zum «Kater Murr». Diss. Bonn 1959. S. 140–169

Meyer, Herman: (E. T. A. Hoffmanns «Lebensansichten des Katers Murr».) In: Meyer, Das Zitat in der Erzählkunst. Zur Geschichte und Poetik des europäischen Romans. Stuttgart 1961. S. 114–134

Singer, Herbert: Hoffmann. Kater Murr. In: Der deutsche Roman. Vom Barock bis zur Gegenwart. Struktur und Geschichte. Hg. von Benno von Wiese. Bd. 1. Düsseldorf 1963. S. 301–328; 438–440

Loevenich, Heinz: Einheit und Symbolik des «Kater Murr». Zur Einführung in Hoffmanns Roman. In: Deutschunterricht 16 (1964), H. 2, S. 72–86

9. Wirkung

Maassen, Carl Georg von: E. T. A. Hoffmann im Urteil zeitgenössischer Dichter. In: Mitt. der E. T. A. Hoffmann-Ges. 2 (1941/43), S. 36–40

Ludwig, Albert: E. Th. A. Hoffmanns Gestalt in der deutschen erzählenden Dichtung. In: Archiv für das Studium der neueren Sprachen und Literaturen 147 (1924), S. 1–29

Siebert, Wilhelm: Heinrich Heines Beziehungen zu E. T. A. Hoffmann. Marburg 1908. VIII, 109 S. (Beiträge zur deutschen Literaturwissenschaft. 7)

Uhlendahl, Heinrich: Fünf Kapitel über H. Heine und E. T. A. Hoffmann. Diss. Münster 1919. 96 S.

Haussmann, J. F.: E. T. A. Hoffmanns Einfluß auf Hauff. In: Journal of English and Germanic philology 16 (1917), S. 53–66

Breuillac, Marcel: Hoffmann en France. (Étude de littérature comparée.) In: Revue d'histoire littéraire de la France 13 (1906), S. 427–457; 14 (1907), S. 74–105

Guichard, Léon: Autour des «Contes d'Hoffmann». In: Revue de littérature comparée 27 (1953), S. 136–147

Pankalla, Gerhard: E. T. A. Hoffmann und Frankreich. Beiträge zum Hoffmann-Bild in der französischen Literatur des 19. Jahrhunderts. In: Die Neueren Sprachen NF. 4/5 (1954), S. 170–180

Teichmann, Elizabeth: La fortune d'Hoffmann en France. [1826–1840.] Genève, Paris 1961. 288 S.

Payr, Bernhard: Théophile Gautier und E. T. A. Hoffmann. Ein Beitrag zur Geistesgeschichte der europäischen Romantik. Berlin 1932. 87 S. (Romanische Studien. 33)

Gudde, G. E.: E. Th. Hoffmann's reception in England. In: Publications of the Modern Language Association 41 (1926), S. 1005–1010

Cobb, Palmer: The influence of E. T. A. Hoffmann on the tales of Edgar Allan Poe. Chapel Hill 1908. VIII, 104 S. (Studies in philology. 3)

Hittmair, Hans: E. T. A. Hoffmann und E. A. Poe. Ein Vergleich. Diss. Innsbruck 1952. 143 Bll. [Masch.]

Gugenheim, Susanna: E. T. A. Hoffmann e l'Italia. Milano 1916. 70 S.

Ljungdorff, V.: E. T. A. Hoffmann och Sverige. In: Edda 10 (1919), S. 96–140; 249–295

Gorlin, Michel: Hoffmann en Russie. In: Revue de littérature comparée 15 (1935), S. 60–76

Becker-Glauch, Wulf: E. T. A. Hoffmann in russischer Literatur und sein Verhältnis zu den russischen Serapionsbrüdern. In: Mitt. der E. T. A. Hoffmann-Ges. 9 (1962), S. 41–54

Passage, Charles E.: The Russian Hoffmannists. The Hague 1963. 261 S. (Slavistic printings and reprintings. 35)

Gorlin, Michael: N. V. Gogol und E. Th. A. Hoffmann. Leipzig 1933. 89 S. (Veröffentlichungen des Slavischen Instituts an der Friedrich-Wilhelms-Universität Berlin. 9)

Passage, Charles E.: Dostoevski the adapter. A study in Dostoevski's use of the Tales of Hoffmann. Chapel Hill 1954. X, 203 S. (University of North Carolina studies in comparative literature. 10)

Dymschitz, A. L.: Alexander Herzen als Kritiker E. T. A. Hoffmanns. In: Weimarer Beiträge 5 (1959), S. 305–322

Ament, Wilhelm: E. T. A. Hoffmann in Bamberg. Kurzer Führer zu Stätten der Erinnerung und durch die Sammlung im E. T. A. Hoffmann-Haus. Bamberg 1951. 32 S. (Beiträge zur Heimatkunde Bambergs. 1)

Leitherer, Hans: Das E. T. A.-Hoffmann-Museum in Bamberg. In: Mitt. der E. T. A. Hoffmann-Ges. 10 (1963), S. 3–7

NAMENREGISTER

Die kursiv gesetzten Zahlen bezeichnen die Abbildungen

QUELLENNACHWEIS DER ABBILDUNGEN

Archiv für Kunst und Geschichte, Berlin: Umschlag-Vorderseite, 9, 17, 21, 22/23, 39, 80, 94, 128, 130, 131, 137 / Aus ‹E. T. A. Hoffmanns sämtliche Werke. Hg. von Carl Georg von Maassen (München u. Leipzig, 1909–1928)›: 47, 68, 73, 85, 93, 120, 123, 141, 144, 156 / Aus ‹Handzeichnungen E. T. A. Hoffmanns. Hg. von Walter Steffen und Hans von Müller›: 50, 57, 67, 70, 113, 115, 122, 127, 149 / Historia Photo, Bad Sachsa: 26, 27, 40, 43, 89, 104, 116, 117, 125, 150 / Historisches Bildarchiv Lolo Handke, Bad Berneck: 14/15, 19, 30, 53, 54, 61, 63, 98, 99, 100, 103, 105, 107, 110, 118, 119, 140, 147, Umschlag-Rückseite / Rowohlt-Archiv, Reinbek bei Hamburg: 6, 37, 48, 55, 65, 76, 79, 87, 92, 96, 132, 133, 135, 138, 142, 152 / Süddeutscher Verlag, Bild-Archiv, München: 33 / Ullstein Bilderdienst, Berlin: 12, 44/45, 58, 90/91, 112

rowohlts mono graphien

IN SELBSTZEUGNISSEN
UND BILDDOKUMENTEN
HERAUSGEGEBEN
VON KURT KUSENBERG

LITERATUR

F + Fa/X–'76